AF345853

Une quête spirituelle qui éclaire la Vie

Jean-Pierre Mesnil

DÉDICACE

Pour Olivier, Sophie, Chloé et Mathieu

TABLE DES MATIERES

Une quête spirituelle qui éclaire la Vie

Remerciements

Je remercie du fond du cœur toutes les personnes qui ont éclairé et éclairent ma vie, parfois par des actes importants, parfois par une présence, un sourire, un geste au bon moment ; et aussi toutes celles qui par leur existence, leurs exemples, leurs partages, m'ont tant apporté sans le savoir.

Existerais-je de cette façon sans vous ? Je ne le pense pas.

Je tiens à remercier tout particulièrement Anne Wippler qui par ses multiples attentions a su entretenir l'atmosphère propice à cette création, Chantal Dessaint et Violaine Wippler qui ont réalisé un travail remarquable de relecture et de conseil pour la mise en forme et le style, et Caroline Guery qui par ses vifs encouragements m'a incité à me replonger dans les délices de l'écriture.

Une quête spirituelle qui éclaire la Vie

Avant-propos

Cet ouvrage, dont le thème est la vie, comporte deux parties différentes dans leurs approches et dans leurs formes.

Vous assisterez dans la première partie, intitulée *Plus que la vie,* à un échange entre deux amis, traité sous forme de dialogue de théâtre. Les deux personnages choisissent de ne développer « que des réflexions que tout un chacun peut envisager sinon admettre ». Ils ne parlent pas de spiritualité, néanmoins ils aborderont les aspects immatériels de la vie humaine.

J'ai écrit ce texte en 2017, à la suite du décès d'un ami, avec l'envie de démontrer que la vie d'une personne a des répercussions infinies bien longtemps après que son cœur ne se soit arrêté. C'était une façon de mettre en perspective notre existence, de la situer au sein d'un continuum bien plus grand qu'elle, avec le désir de donner une forme d'espérance sur ce qui se passe après notre mort, sans toutefois aborder la spiritualité.

J'ai rédigé l'essentiel du second texte lors des quinze premiers jours de la période de confinement dû à la crise du Covid 19, mais cela faisait bien longtemps que les idées que j'y développe tournaient et retournaient en moi.

Au moment où j'écris ces lignes, le 31 mars 2020, toutes les personnes qui le peuvent se battent avec un courage immense pour sauver le plus de vies possibles. Tous les jours nous avons un décompte des morts dues au virus, au niveau national comme international. Il y a deux mois à peine, si quelqu'un avait évoqué une telle situation, chacun aurait dit : « Cela n'arrivera jamais ! », et pourtant nous y sommes.

Et en même temps il y a du soleil et nous entendons le chant des oiseaux, c'est le printemps.

Est-ce que tout cela a un sens ? Y a-t-il un dessein supérieur que nous pourrions comprendre et dans lequel tout cela s'inscrirait ?

Ces questions nous pouvons nous les poser dans bien des cas et j'ai longtemps cherché comment partager les réponses vers lesquelles la vie m'avait conduit. J'ai finalement opté pour la façon la plus simple : vous exposer comment, progressivement, ces idées se sont imposées à moi. Je vous confie donc ma quête spirituelle dans le deuxième texte : *Lumière dans la vie.*

Un petit clin d'œil complice : dans mon livre précédent, Franck écrivit un mémoire à l'attention de sa fille Justine, du mari de celle-ci et de leurs enfants. Le contenu de ce mémoire ne serait-il pas (par hasard, évidemment) très proche de celui du livre que vous avez aujourd'hui en main ? Allez savoir…

PLUS QUE LA VIE

Scène 1
La maladie

Franck
Entrant chez Alex

Lorsqu'il y a deux semaines, tu m'as appelé de Tokyo, je t'ai dit que je serai là à ton retour, et que je ferai tout ce qui est en mon pouvoir pour t'aider à traverser ce qui t'arrive. Alors, je suis là !

Alex

Merci Franck, je sais bien que je peux compter sur toi. Mais là je dois m'en sortir seul. Personne ne peut le faire à ma place.

Franck

Eh bien Alex, même si tu considères que je ne peux rien, le fait que je ne sois pas médecin, spécialiste ou que sais-je, ne m'empêchera pas d'être à tes cotés. Tu as raison : je ne suis pas toi et je ne peux rien faire à ta place. Mais je crois à l'importance d'être entouré quand des problèmes se posent. D'ailleurs, tu me l'as toi-même prouvé bien souvent. Tu veux que je te fasse une liste ?

Alex

Esquissant un maigre sourire

Pas la peine, compañero ! Je comprends ce que tu veux dire.

Franck

Cela t'est arrivé avec une brutalité inouïe. Je t'ai toujours vu en excellente forme !

Alex

Je me sentais en forme… jusqu'à ce malaise à Tokyo. Les examens qui ont suivi ont malheureusement démontré que la maladie peut frapper au moment où on s'y attend le moins. Un glioblastome de grade 4, tu te rends compte ? Je ne savais même pas ce que c'était !

Franck

Beaucoup de tumeurs au cerveau s'opèrent…

Alex

Pas celle-là, elle est mal placée, derrière l'œil. Ce n'est pas opérable.

Puis, après un temps
Mais ce n'est pas une tumeur qui va m'abattre, Franck. Je suis plus méchant qu'elle, je ne vais pas me laisser faire.

Franck

Je l'espère bien !

Et, pour détendre l'atmosphère :
D'ailleurs, ton père ne le permettrait pas !

Alex
Souriant

Tu le connais bien !

Franck

Quand nous étions ados et que je venais te chercher pour une sortie j'avais toujours l'impression que son regard sévère me transperçait. J'ai appris depuis qu'il avait un cœur grand comme ça. Mais, à l'époque, j'étais réellement impressionné…. Ça t'amuse ?

Alex

Oui, plutôt !

Franck

Tes parents tiennent le coup ?

Alex

Disons qu'ils tentent de ne pas montrer leur inquiétude.

Franck
Songeur

… C'est curieux, ce qui nous reste des parents. Moi, il y a de nombreuses années que je les ai perdus et pourtant il me semble encore souvent les entendre commenter ce que je fais, soit pour me féliciter, soit pour me blâmer, comme s'ils étaient toujours là.

Alex

Oui en effet, depuis le temps, c'est surprenant. J'ai encore les miens, alors je ne peux pas savoir. Mais peut-être tes parents te manquent-ils encore ?

Franck

Ils me manquent toujours, bien sûr, mais au bout d'un moment le sentiment s'est transformé, il est maintenant d'une autre nature. Au début c'était intense, c'était une déchirure, c'était injuste. Et puis les années passant, je me suis habitué à leur absence, même si j'aimerais souvent qu'ils soient là. En tous cas, lorsque mes parents sont décédés je me suis posé de nombreuses questions sur ce qui se passe après la mort.

Alex

On ne sait rien à ce sujet !

Franck

Certains disent le contraire.

Alex

Les religions ? C'est vrai qu'il y a eu tellement de morts en leur nom qu'elles ont intérêt à avoir des théories pour les justifier.

Franck

Tu ne t'es jamais intéressé à la religion ?

Alex

Si ! Enfant, j'y croyais ! Et puis je me suis aperçu que ceux qui prêchaient la vertu n'étaient pas vertueux, et que ceux qui parlaient d'amour étaient les premiers à menacer de punitions et de châtiments. J'ai trouvé cela tellement incohérent que je m'en suis détourné. Et puis il m'a semblé qu'il y avait tant à faire dans la vie réelle que je ne voyais pas à quoi cela servait de se préoccuper de ce qu'on ne pouvait ni voir ni prouver.

Franck

Dit comme cela, je comprends.

Alex

Je n'en doute pas !

Franck

Mais la vie, c'est vraiment mystérieux !

Alex

Tu parles des fonctions vitales ?

Franck

Oui… non… en réalité je ne sais pas ce qu'est la vie.

Alex

Ben la vie c'est le résultat des fonctions vitales : tu es là, tu respires, ton sang est chaud, donc tu es vivant.

Franck

Certes, mais je n'arrive pas à bien formuler le questionnement que j'avais lorsque j'ai perdu mes parents. Questionnement auquel je n'ai toujours pas de réponse.

Alex

Tu vois ! Cela ne sert à rien de se prendre la tête avec cela : il faut vivre, point final !

Scène 2
Imaginer un plan

Quelques temps plus tard

Franck
Alors, tes examens ? Les spécialistes ont dit quoi ?

Alex
Tu veux vraiment le savoir ?

Franck
Eh bien oui, évidemment !

Alex
Pour résumer, je dois suivre mes traitements.

Franck
C'est évident ! Mais ils ont dû te donner d'autres conseils, des perspectives… ?

Alex

Oh oui ! Ils m'ont dit de profiter des douze à dix-huit mois qui me restent !

Franck

Ébranlé, accusant le coup

Ce n'est pas possible ! Il y a sûrement quelque chose à faire !

Alex

On verra avec les examens réguliers, peut-être que cela se stabilisera. En tous cas, ces jours-ci je vais plutôt mieux.

Parlons plutôt de toi. Alors ? Le fameux questionnement sur la vie que tu ne retrouvais pas, tu as remis la main dessus ?

Franck

Lorsque mes parents sont décédés ? Oui j'y ai de nouveau réfléchi mais je ne voulais pas t'ennuyer avec cela, surtout en ce moment.

Alex

Tu me connais, je suis un combattant et j'ai besoin d'affronter de face les situations qui se présentent, quelles qu'elles soient, c'est très important pour moi. Et puis, c'est un sujet comme un autre : on peut en parler.

Franck

Tu es sûr ?

Alex

Oui, pourquoi pas ? Allez dis-moi, je suis curieux de connaître ton questionnement !

Franck

OK ! Donc, si je prends mon exemple, la première question est « D'où viens-je ? ». Ou, pour le formuler autrement : « Quelles sources ont produit l'individu vivant que je suis aujourd'hui ? »

Alex

Attention ! C'est un sujet immensément vaste car pour citer seulement deux exemples : tu dois inclure, dans les sources que tu énonces, aussi bien l'air que tu respires que tes ancêtres.

Franck

Sans répondre directement

La seconde question est : « Où vais-je ? ». Ou, là aussi pour le formuler autrement : « Quelles seront les ramifications futures engendrées par la vie de l'individu que je suis ? »

Alex

C'est un sujet également immense, car tu dois y inclure aussi bien, par exemple, tes descendants que la terre que ton corps nourrira.

Franck

Tu m'épates, Alex ! J'avoue que je voyais mon questionnement de façon beaucoup moins ambitieuse. Mais, là, par tes réflexions, tu m'ouvres à de nouvelles perspectives passionnantes.

Alex

Plutôt que de me complimenter explique-moi le sens de ce questionnement, car je ne vois pas où les réponses éventuelles pourraient te mener.

Franck

Vois-tu, j'ai l'intuition que, si on prend le temps de réfléchir aux causes et conséquences de notre vie, notre regard embrassera mieux celle-ci dans son ensemble, y compris au-delà de sa fin. Comprenant mieux d'où vient la vie, nous comprendrons mieux ce qui se passe après la mort. Nous aurons ainsi une meilleure compréhension de ces phénomènes qui nous paraissent si mystérieux.

Alex

Je te fais remarquer que tu ne peux pas avoir toutes les informations qui te seraient nécessaires pour y réfléchir. Par exemple, certains disent qu'il existe une âme et d'autres non, et tu ne peux prouver ni son existence ni son inexistence.

Franck

Tu as tout à fait raison Alex ! Pourtant, l'expérience m'a amplement démontré que nous tirons souvent un meilleur profit en abordant les questions, les problèmes, les difficultés… simplement. Aussi ce que j'ai envie de faire, c'est de réfléchir simplement aux questions que je soulève, en ne développant que des réflexions que tout un chacun peut envisager sinon admettre, et voir ensuite où cela nous mène. Je me sens attiré par cette réflexion, j'ai l'intuition que cela peut être enrichissant. Malheureusement j'avoue que seul, je tourne en rond et c'est très frustrant.

Alex

En tous cas, la démarche est originale.

Après un moment de réflexion

En fait, je trouve cela très intéressant. Tu te souviens que lorsque je t'ai appelé de Tokyo tu m'as proposé de m'aider ?

Franck

Évidemment !

Alex

Et d'ailleurs tu le fais avec beaucoup de tact, en venant me voir régulièrement pour parler de choses et d'autres.

Franck, gêné, baisse la tête sans répondre

Alex

Continuant

Je crois que cela m'aiderait si nous réfléchissions ensemble autour de ce questionnement que tu mets sur la table. En tous cas, cela me plairait bien.

Franck se redresse et regarde profondément son ami

Franck

Je suis touché. Cela me plairait aussi beaucoup que nous menions ensemble cette réflexion !

Alex

Alors, c'est d'accord ! … Et, pratiquement, comment pourrait-on faire ?

Franck

Après quelques instants

Procédons simplement ! Je te propose qu'on se voit la semaine prochaine et que, d'ici là, chacun de nous réfléchisse de son coté à la première question : « D'où viens-je ? ». Cela te convient ?

Alex

Donnant une grande claque dans le dos de Franck

Oui ! C'est génial ! Je suis vraiment content, compañero !

Scène 3
D'où viens-je ?

Le jeudi soir de la semaine suivante, les deux amis sont de nouveau ensemble chez Alex.

Alex

Alors ? Sais-tu d'où tu viens maintenant ?

Franck

Et toi, mon ami, le sais-tu ?

Alex

Figure-toi que j'ai réfléchi à cette question !

Franck

Sans blague ?

Alex

Absolument !

Franck

Alors, tu vas pouvoir m'éclairer !

Alex

En fait, c'est tellement vaste que c'est le gros bazar !

Franck

C'est aussi ce qu'il m'a semblé chaque fois que j'ai essayé d'y réfléchir depuis le décès de mes parents, et j'avoue que, finalement, cela m'a découragé de poursuivre dans cette voie. J'ai abandonné.

Alex

Peut-être, mais là nous sommes deux !

Franck

C'est vrai !

Alex

Et on ne va pas se laisser impressionner par un gros bazar !

Franck

Oh que non, tu as cent fois raison !

Alex

Et il y a quoi, dans ton bazar ?

Franck

Tu veux dire quelles sont les sources qui ont produit l'individu que je suis ?

Alex

Yes ! Qu'as-tu trouvé ?

Franck

Eh bien, par exemple, il y a mes parents, leurs parents, les parents de leurs parents, et ainsi de suite…

Alex

Stop !

Franck

Quoi, stop ?

Alex

Stop, parce que moi aussi j'ai commencé ma réflexion sur mes « sources » en pensant à mes parents et à mes ancêtres et très rapidement cela m'a donné le vertige !

Franck

Explique-toi !

Alex

Vois-tu, je suis parti avec mes deux parents, puis quatre grands-parents, jusque-là cela allait. Mais en continuant à remonter dans le temps, je me suis aperçu qu'à la dixième génération j'arrivais à cinq cent douze ancêtres de cette génération, qu'à la vingtième il y en avait cinq cent vingt-quatre mille deux cent quatre-vingt-huit et que le nombre augmentait de façon exponentielle. De sorte qu'à la trente-et-unième génération je dépassais le milliard d'ancêtres, soit plus du double de la population mondiale de l'époque ! Cette réflexion est valable pour toi aussi, Franck, évidemment.

Franck

C'est donc qu'obligatoirement, certains de nos ancêtres ayant eu des enfants ensemble, avaient des ancêtres communs.

Alex

Tu parles de mariages entre cousins ?

Franck

En tous cas, reproduction entre cousins, oui, obligatoirement. Des cousins proches ou éloignés, mais cousins à un certain degré. C'est mathématiquement obligatoire.

Alex

Tu as certainement raison. J'ai aussi regardé l'évolution de la population mondiale : il y a cent mille ans, elle n'était, en tout et pour tout, que de cinq cent mille personnes : nous devons donc tous avoir des ancêtres communs.

Franck

Tous les êtres humains sont donc plus ou moins cousins.

Alex

Probablement. Alors, Franck, tu as une idée de ce que nous pouvons en déduire pour ce qui nous intéresse ?

Franck

Au départ j'étais parti pour lister les sources de ce que je suis, mais tu m'as interrompu dans mon élan !

Alex

Désolé.

Franck

Hum ! Mais au fond, plutôt que de vouloir étudier simultanément toutes les sources, nous pouvons peut-être, avec profit, réfléchir autour de ce que nous apporte une source particulière. Cela nous aidera certainement pour étudier les autres. Es-tu d'accord, cousin Alex ?

Alex

Riant

Oui, je suis d'accord. Et, puisque nous avons commencé à parler d'eux, réfléchissons chacun de notre côté à ce que nous ont apporté nos ancêtres et reparlons-en la semaine prochaine, OK ?

Franck
OK. Je vais te laisser, je bosse tôt demain.

Scène 4
D'où viens-je matériellement ?

La semaine suivante Alex reporte le rendez-vous car son traitement le fatigue énormément. C'est deux semaines plus tard qu'ils reprennent leur discussion.

Franck

Tu te sens comment ?

Alex

Cela commence à aller mieux que la semaine dernière. Après chaque séance de soin je suis vraiment épuisé et il me faut du temps pour récupérer. Et quand je commence à me sentir vraiment mieux, c'est le moment où je dois suivre une nouvelle séance, et je retombe. Ces montagnes russes sont difficiles à supporter, mais il faut en passer par là. Je mets toute ma détermination dans la bataille et je vaincrai !

Franck

Le moral est capital face à la maladie !

Alex

Avec un sourire amer

C'est ce que dit ma mère.

Franck

Embrasse-la pour moi quand tu la verras ! En tous cas ta détermination est non seulement nécessaire, mais admirable !

Alex

Admirable ? Je ne sais pas, mais c'est comme cela !

Franck

Et, à part ta mère, ou y compris ta mère, tu as réfléchi à ce que tes ancêtres t'ont apporté ?

Alex

Bien sûr !

Franck

Alors ?

Alex

Alors, je pense qu'il faut bien distinguer deux aspects que je qualifierais, l'un de matériel, et l'autre d'immatériel.

Franck

Je suis arrivé à la même conclusion.

Alex

Ah oui ?

Franck

Oui, mais je ne veux pas t'interrompre, continue.

Alex

Alors, pour ce qui est matériel, mes parents m'ont donné mon corps à ma naissance, la nourriture, les vêtements…

Franck

Je t'arrête, Alex !

Alex

Faudrait savoir ! Je commence à peine !

Franck

Je t'arrête parce que c'est important : tu dis que tes parents t'ont donné ton corps à ta naissance et, là, je n'ai aucune objection : la rencontre d'un spermatozoïde et d'un ovule a donné un embryon qui s'est développé dans le ventre de ta mère, jusqu'à ta naissance. Ce que t'ont donné tes parents, sur ce point, vient véritablement d'eux-mêmes, de leur corps, et ils ont reçu des dons semblables de leurs propres parents. Cela s'est produit de génération en génération, depuis la nuit des temps.

Alex

Et alors ?

Franck

Alors, pour la nourriture, par exemple, c'est différent !

Alex

En quoi ? Ce sont bien eux qui me l'ont donnée lorsque j'étais enfant !

Franck

C'est différent, car cela ne vient pas de leur propre corps.

Alex

Ils me l'ont quand même donnée !

Franck

Oui, mais lorsque j'ai réfléchi à cela, j'ai eu le même vertige que toi lorsque tu as imaginé le nombre de tes ancêtres.

Alex

…Comprends pas !

Franck

Tu aimes les cerises, non ?

Alex

C'est mon fruit préféré, mais je ne vois pas le rapport !

Franck

Imagine simplement : un jour, lorsque tu étais enfant, ta mère t'a donné une cerise à manger, d'accord ?

Alex

OK, j'imagine… Mais je ne vois pas ce que cela change : c'est elle qui me l'a donnée.

Franck

C'est vrai, mais d'où venait cette cerise, puisque tu habitais en ville et que tu n'avais pas de jardin ?

Alex

Je suppose qu'elle l'avait achetée dans un magasin.

Franck

Voilà !

Alex

Quoi, voilà ?

Franck

Ta mère n'est que la toute dernière personne à avoir contribué à ce que tu dégustes cette cerise. Les bienfaits de ta dégustation sont le fruit – c'est le cas de le dire – d'un nombre infini de personnes et de facteurs.

Alex

Mais encore ?

Franck

Centrons-nous sur l'histoire de cette cerise :

Pour qu'elle existe, il a fallu qu'un arbre pousse, bien planté dans la terre, se nourrissant des minéraux de celle-ci ; éclairé, chauffé par le soleil, cet arbre a donné naissance à ce fruit.

A ce stade, la terre, le soleil, l'arbre t'ont donné la cerise que tu as mangée.

Lorsqu'on l'a jugée suffisamment mûre, quelqu'un est venu la cueillir : cet homme, ou cette femme, t'a donné cette cerise.

Puis elle a été emballée, transportée, exposée sur l'étal d'un magasin, vendue à tes parents.

À chaque étape, des personnes ont contribué à ce que tu dégustes ton fruit préféré. Si la chaîne s'était interrompue, tu n'aurais pas dégusté cette cerise précise.

Mais ce n'est pas tout…

Alex

Non ?

Franck

Non ! Car l'arbre, le cerisier, n'a pas poussé là par hasard, il a aussi sa propre histoire infiniment complexe.

Et tu peux aussi penser, par exemple, au fait qu'il a fallu de nombreuses personnes pour inventer et construire le camion qui a amené ta cerise depuis son lieu de cueillette jusqu'au magasin de détail.

Tu vois, comme moi, que ta nourriture t'est parvenue grâce à un nombre infini de personnes et de facteurs, pas seulement grâce à ta mère ou à ton père. C'est en cela que la nourriture, ou les vêtements se distinguent de la naissance de ton corps qui lui est le fruit direct de tes parents.

Alex

Je comprends ta démonstration, mais, dans ce cas, seule la naissance de mon corps est un don direct ! A vrai dire, c'est l'essentiel : si je n'avais pas de corps, nous ne serions même pas en train de discuter.

Franck

C'est vrai, Alex !

Alex

Cette façon de voir donne effectivement le vertige car, où que nous regardions nous nous apercevons que notre être, en tous cas notre corps, est le fruit, au travers de nos si nombreux ancêtres, de notre nourriture, de tout ce qu'il touche, voit, entend, sent ou goûte, est le fruit, dis-je, de toutes les personnes qui nous ont précédés comme de celles peuplant notre environnement, et qu'il est aussi le fruit de la nature : de l'eau, de l'air, de la terre, du soleil. Rien que le fait d'énoncer cela me provoque un grand frisson !

Franck

Tu viens, à juste titre, de citer les éléments de la nature. Cela me fait penser que nous pouvons remonter encore plus loin que nos ancêtres humains. Nous pouvons remonter les branches de la création jusqu'aux premières cellules de vie sur Terre. Et même au-delà, jusqu'à la naissance des premiers atomes, jusqu'à celle de l'Univers, car toute cette longue évolution a donné l'être que tu es.

Alex

Chaque être serait donc physiquement porteur et fruit de tout ? De toute l'évolution depuis la nuit des temps et également de toutes les interactions avec son environnement ?

Franck

Oui, et cela produit vraiment un effet étrange d'y penser.

Alex

Il y a donc un nombre infini de sources qui viennent, sur le plan matériel, donner l'être que je suis, ou que tu es.

Franck

Exact. Et dans ce cas, penser que je suis un être totalement différent des autres, ou que je suis un être uniquement descendant de mes parents, est extrêmement réducteur.

Alex

Oui, Franck. Mais cela peut faire peur de penser au nombre infini de sources qui donnent ce que nous sommes.

Franck

Comment cela ?

Alex

Tu viens de dire que cela produit un effet étrange d'y penser ; tout à l'heure, je t'ai dit que je ressentais un frisson, et avant, toi et moi avons parlé de vertiges : moi je te dis que nos conclusions déclenchent quelque chose de l'ordre de la peur. C'est comme si nous étions au bord d'un précipice.

Franck

Je crois comprendre pourquoi Alex, mais je parlerais plutôt d'appréhension.

Alex

« Appréhension », si tu veux… mais tu en comprends la cause, dis-tu ?

Franck

Oui, car je ressens non seulement de l'appréhension, mais aussi une impression d'espace immense et je crois que cette appréhension, cette peur de l'espace vient de l'ego.

Alex

De l'ego ? Pourquoi donc ?

Franck

Parce que l'ego, Alex, c'est ce à quoi on s'identifie, c'est l'image qu'on a de soi. Or cette conversation nous amène à remettre en question ce que nous pensions être jusqu'alors. Nous pensions être des individus indépendants, et nous arrivons à la conclusion que nous sommes le fruit d'infiniment de personnes et de facteurs. Nous pensions être isolés, au moins physiquement, et nous concluons que nous sommes en liens, plus ou moins directs, avec, là aussi, une foule de personnes et de facteurs. Nous ne sommes pas ce que nous imaginions être. Et ce que nous sommes est tellement immense, que nous n'arrivons pas à véritablement le réaliser. C'est déstabilisant et l'ego s'accroche. L'attachement à l'idée que nous avions de nous jusqu'alors, se manifeste sous forme de vertiges, de frissons, d'appréhension ou de peur.
En revanche, si nous balayons ces pensées nouvelles auxquelles nous arrivons, si nous les oublions, alors, rapidement nous réintégrerons l'image que nous avions de nous, notre ego.

Alex

Tu crois que c'est ce qu'il faut faire ?

Franck

Non. Je pense franchement que nous avons au contraire tout à gagner à poursuivre notre réflexion.

Alex

Je suis bien d'accord ! Et d'ailleurs nous ne risquons rien à réfléchir.

Franck

De plus, je trouve que nous avons énormément avancé : nous avons réfléchi à ce que nos ancêtres nous ont donné matériellement et, en faisant cela, nous avons compris cc que tout l'univers nous avait donné : partant de nos parents, nous avons finalement embrassé toutes les sources matérielles de nos êtres.

Alex

Oui, il n'y a pas besoin d'en faire une liste exhaustive comme nous l'avions un moment imaginé. Nous pouvons appliquer le même raisonnement à l'air que nous respirons : il vient des mêmes atomes initiaux de l'Univers que nous. Aujourd'hui nous l'inspirons, il oxygène notre sang, puis nous l'expirons et il poursuit son cycle naturel. Il en est de même pour la terre qui nous fournit nos aliments, ceux-ci nous donnent de l'énergie, puis sont éliminés dans un cycle continuel. Nous sommes fruits de nos parents, mais aussi, d'une façon générale de toute la nature, nous sommes unis avec TOUTE LA NATURE. Nos sources c'est TOUTE LA NATURE.

Franck

Physiquement, c'est comme si toute la nature passée et présente vivait en nous : en toi, en moi, comme en chaque être. C'est absolument extraordinaire !

Alex

Après un long silence

La prochaine fois, nous réfléchirons aux sources immatérielles en partant, là aussi de nos parents, d'accord ?

Franck

Ça marche, Alex ! Je me demande ce que nous allons nous en dire, je suis impatient. Bonne cogitation d'ici là ! … et prends soin de toi.

Scène 5
D'où viens-je immatériellement ?

Deux semaines plus tard ils se retrouvent chez Alex. D'après les derniers examens, sa tumeur ne régresse pas mais n'évolue pas non plus. Lui, a sensiblement maigri.

Franck
Voyant le sachet de Matcha sur la table de la cuisine
Tu bois du thé maintenant ?

Alex
Oui, le thé vert est riche en antioxydants, c'est devenu ma boisson principale. Et j'ai complètement banni le sucre de mon alimentation, car il paraît que cela nourrit les tumeurs.

Franck

Toi qui dévorais le chocolat !

Alex

Ah ! Ça c'était avant !

Franck

Tu ne te sens pas trop privé ?

Alex

Non car je suis déterminé. Je suis décidé à mettre en œuvre tous les moyens possibles.

Franck

Tu as raison, tout est extrêmement important pour aller mieux !

Alex

Ouais ! Bon, on bosse cher cousin Franck ? Si tu veux, je fais du thé et on s'installe dans le salon.

Franck

Ça me va !

Et, pendant qu'Alex commence à s'affairer.

Tu sais, notre dernière conversation a eu sur moi des effets étranges !

Alex

C'est-à-dire ?

Franck

Vois-tu, depuis plusieurs années je suis formé à certaines pratiques de Tao, dans lesquelles on visualise que l'on reçoit l'énergie des planètes, des étoiles… et jusqu'à présent je réalisais consciencieusement ces pratiques, pensant les vivre au mieux puisqu'elles me procuraient le plus grand bien.

Alex

Et alors ?

Franck

Je ne m'apercevais pas que j'avais une barrière mentale qui faisait obstacle. Or, depuis notre conversation, cette barrière a disparu.

Alex

Explique-toi ! J'ai du mal à te suivre.

Franck

Eh bien voilà : avant, lorsque je disais, dans une pratique, que je me reliais à une planète pour recevoir son énergie, je n'y croyais pas vraiment. Moi, j'étais ce que j'étais, et cette planète lointaine était très différente de moi, trop différente.

Alex

Et maintenant ton point de vue a changé ?

Franck

Ce sont plutôt ma perception, mon ressenti, qui ont changé : lorsque désormais je fais ces exercices, je ressens une union avec cette planète, et je pense que c'est dû à notre conversation. Je pense que c'est dû à la compréhension simple, que ce qui compose cette planète lointaine, et ce qui me compose, ces éléments, ont partagé la même histoire. Cela s'est passé, bien sûr, à un moment très lointain de la vie de l'Univers, mais, néanmoins, il s'agit bien d'une histoire commune. Ce n'est pas une compréhension intellectuelle, c'est vraiment comme si une digue était tombée, et que l'énergie pouvait enfin circuler entre cette planète et moi. C'est une sensation difficile à décrire, à la fois apaisante et enthousiasmante.

Alex

Je te comprends ; j'ai, je crois, la même sensation. Mais, moi, c'est avec les gens que je rencontre. Je les sens infiniment proches, partageant la même énergie, même s'ils sont très différents de moi par leur aspect ou leur comportement. C'est, oui tu as raison, à la fois apaisant et enthousiasmant.

…

Le thé est prêt. Viens Franck, allons au salon.

Franck
Une fois les deux amis installés
Alors ? Quels sont les dons immatériels de nos parents et nos ancêtres ?

Alex
Prenant un papier
Nous entrons dans un domaine mystérieux, alors j'ai noté quelques idées.

Franck
Vas-y, je t'écoute !

Alex
J'ai pensé à, je cite pêle-mêle : l'éducation, leurs croyances, leurs sentiments, leur histoire consciente, c'est-à-dire les récits qu'ils en ont fait, et leur histoire inconsciente.

Franck
Ouah ! Ce n'est pas mal !

Alex
Oui, je suis assez fier de moi !... Bon, et toi ?

Franck
Pour ce qui est de la transmission par les parents, je suis d'accord avec ta liste. Mais, en l'écoutant, cela provoque chez moi plusieurs questions.

Alex

Lesquelles ?

Franck

Attends… je réfléchis…

…Voilà !

Pour chaque élément de ta liste il est important de se poser les deux questions suivantes :

Première question : est-ce que tu as pris la totalité de ce qu'ils t'ont donné ou simplement une partie ?

Deuxième question : sont-ils les seuls à t'avoir transmis cela ? Par exemple, les croyances qui sont les tiennes, ne viennent-elles que de tes parents ?

Et j'ajoute une autre question :

Y-a-t-il en toi des éléments immatériels qui te soient totalement propres ? Je pense par exemple à ta sensibilité.

Alex

Écris tout de suite tes questions sur mon papier, nous risquons de les oublier.

Il relit ensuite l'ensemble, puis :

Pour répondre à ta toute première question : non, c'est clair, je n'ai pas tout pris.

Je ne suis, sur le plan psychique et affectif, ni tout à fait comme mon père, ni tout à fait comme ma mère, ni la somme, ni la moyenne, ni la résultante des deux.

A une époque, je souffrais parce que j'avais trop pris en moi certaines souffrances de mon père. Mais,

42

heureusement, j'ai fait un travail psy qui m'a aidé à installer une plus juste distance.

Sur certains points, mais aussi selon les situations, je me sens plus proche de l'un ; sur d'autres, de l'autre. Tout cela est extrêmement variable.

J'ai acquis de chacun, mais je n'ai pas tout emmagasiné. Et toi, Franck ?

Franck

Pareil ! Je ressens les choses de la même façon, et je pense que c'est une situation générale.

Alex

Oui, c'est fort probable.

Franck

Et par rapport à ma seconde question ?

Alex

Cela va de soi : j'ai reçu des dons immatériels, non seulement de mes parents et ancêtres, mais aussi de nombreuses autres personnes : de la religion (on en parlait l'autre jour), des enseignants, des amis, des rencontres… J'ai aussi reçu de livres, de films, d'infos diverses, de voyages, de chansons, de la culture, de l'ambiance affective et psychologique générale… la liste me semble infinie.

Franck

L'être que tu es a donc été alimenté par un nombre infini de sources différentes. Mais tu n'as jamais tout absorbé d'une source particulière pour devenir la même chose qu'elle. Est-ce qu'on peut dire cela ?

Alex

Oui, je crois. Il y a parfois des modèles que j'admirais et que j'essayais de suivre, mais c'était toujours un peu différent, toujours un peu à ma façon. Si tu admires un grand sportif, tu vas être tenté de faire du sport, mais tu le feras en fonction de ce que tu es, de tes capacités propres. C'est pareil pour tout.

Franck

Et nos capacités sont aussi dépendantes de notre psychisme qui a été alimenté par d'autres sources.

Alex

Oui, donc nous recevons de nombreuses sources, mais n'absorbons jamais tout d'une source particulière, que ce soit l'éducation, les croyances, les sentiments, l'histoire.

Franck

Donc, rien de ce qui nous constitue, au niveau immatériel, ne vient que de nos parents.

Alex

Oui Franck, j'ajoute que vouloir dire que certaines choses nous viennent des uns et pas du tout des autres est une gageure. Si je reprends l'exemple du sport, peut-être que mes parents ne m'ont pas donné le goût du sport. En revanche, ils m'ont transmis le goût de l'effort. Alors, si un jour je vois un grand sportif et que je désire l'imiter, est-ce que c'est par goût du sport ou parce que je trouve, là, un moyen de réaliser mon goût de l'effort ?

Je pense que chaque fois que nous chercherons attentivement, nous aurons bien des difficultés à distinguer de quelle source vient une qualité immatérielle.

C'est comme si on versait des seaux d'eau dans un bassin et qu'ensuite on veuille savoir de quel seau exact provient l'eau qui est à la surface.

Franck
Nous avons donc répondu à deux questions sur les trois.

Alex
La troisième me paraît plus ardue !

Franck
Je ne sais pas si nous pourrons y répondre. Je la relis : « Y-a-t-il en toi des éléments immatériels qui te soient totalement propres ? ».

Alex
Tu parlais de ma sensibilité tout à l'heure ?

Franck
Oui, par exemple, peut-on dire qu'elle t'est propre ?

Alex

Est-elle innée ou acquise Franck ? C'est peut-être, là aussi, un mélange des deux ?

Franck

Mais la question est : peut-il y avoir quelque chose d'immatériel qui nous soit propre ?

Alex

Je ne sais pas, peut-être certains choix, je dis bien « peut-être ».

Franck

Je crois que nous devons accepter de ne pas avoir la réponse à cette question.

Alex

Nous avons bien avancé ; mais j'éprouve comme un grand coup de fatigue. On se revoit pour tirer les conclusions de cela ?

Franck

Oui. Je crois qu'il faut prendre un peu de recul.

Les deux amis prennent un nouveau rendez-vous.

Scène 6
Les choix éclairés

La fois suivante :

Franck
J'ai réfléchi à nos précédentes conversations et une pensée m'est venue !

Alex
Ciel !

Franck
Si, si !

Alex
OK, je t'écoute !

Franck
Prenant un air faussement inspiré

On pourrait dire que le corps est une métaphore de l'esprit !

Alex

Reprends du thé !

Franck

Quoi ?

Alex

Reprends du thé. Après, tu verras tu te sentiras mieux, cela t'aidera à atterrir !

Franck

Mais je suis sérieux et… Non ! Ne dis pas que c'est pour cela que je t'inquiète !

Alex
Riant, ravi d'avoir mis son ami dans l'embarras.

Alors explique-toi, grand sachem !

Franck

Oui, je m'explique : le corps est, au cours de son existence, nourri de nombreux aliments ; cela lui donne l'énergie dont il a besoin. De son côté, l'esprit est nourri d'un grand nombre de pensées, de connaissances, de réflexions, d'histoires, d'émotions, de sentiments… de nombreux biens immatériels. Il en a, lui, besoin pour appréhender la vie. C'est en cela que je dis que le corps peut être considéré comme une métaphore de l'esprit. Mais, évidemment, si on utilise une métaphore c'est pour expliquer quelque chose !

Alex

Évidemment !

Franck

Je te trouve très moqueur aujourd'hui !

Alex

Cela fait du bien de se détendre, excuse-moi, c'est juste pour jouer. Néanmoins, je trouve que le terme « esprit » prête à confusion, car nous n'évoquons pas ici l'âme, n'est-ce pas ?

Franck

Non, puisque nous avons dit que nous n'avons pas de certitude à son sujet.

Alex

Alors, je préfère que nous continuions à parler de la part immatérielle de l'être, plutôt que de l'esprit.

Franck

Si tu veux… Bon, je continue : tu te souviens que, partant de l'exemple de la consommation d'une cerise, nous avons pris conscience que ce simple fait nous reliait à son histoire et à tout ce qui gravitait autour, que cela nous reliait aux autres, que cela nous reliait à toute la nature, à tout l'univers ?

Alex

Oui, je me souviens très bien.

Franck

Eh bien tu peux aboutir à une conclusion semblable en partant d'une pensée, d'un sentiment ou d'une émotion.

Alex

Tu peux préciser ton idée ?

Franck

Ton esprit, pardon, ta part immatérielle est comme un lac alimenté par de très nombreuses rivières, si quelqu'un boit de son eau, même quelques gouttes il aura, en lui, l'eau mélangée de nombreuses rivières. Ta part immatérielle a reçu en transmission, nous l'avons vu, de nombreuses pensées, émotions, histoires, réflexions, connaissances… et il est certain que si tu prends, par exemple, une de tes pensées, je dis bien une seule, elle sera le fruit d'un nombre infini de biens immatériels qui t'auront été donnés.

Alex

Et cela nous mène à quoi ?

Franck

À quelque chose à mon avis d'une extrême importance : c'est que tu peux très bien avoir une pensée ou une émotion qui prend sa source, ou certaines de ses sources, dans un lointain, très lointain passé. La pensée, la façon de penser, l'état d'esprit, ont été partiellement transmis d'une personne à une autre jusqu'à te parvenir.

Cela nous mène à nous dire que des personnes qui ont vécu dans des temps anciens, et dont nous ignorons même qu'elles ont existé, ont aujourd'hui une influence sur nos pensées, émotions, etc... Certes, c'est très indirect, mais c'est le cas.

Alex

Tu veux dire que c'est comme si ces inconnus, qui ont vécu peut-être il y a plusieurs millénaires, étaient encore en vie à travers nous ?

Franck

Je ne sais pas si le terme « vie » est approprié, mais c'est, au moins, comme si une part immatérielle d'eux avait continué à se transmettre ; c'est, en quelque sorte, comme si leur énergie était toujours active dans le monde très, très, longtemps après que leur corps ait cessé de vivre.

Alex

Mais c'est inquiétant, Franck. Où serait alors le libre arbitre ? Comment serait-il possible d'améliorer les choses, de les modifier si nous ne faisons que reproduire les états d'esprit anciens ?

Franck

Je dirais comme toi la dernière fois, peut-être à travers les choix que nous faisons, pourvu qu'ils soient éclairés.

Alex

Comment cela ?

Franck

Lorsque quelqu'un choisit, prend une décision, cela a des conséquences sur son environnement. Tiens, je vais te donner un exemple simple : admettons que tu prennes la décision d'aller au marché un samedi matin de printemps. Il y a alors un monde fou et toi tu te fraies un chemin de stands en étals. Que se passe-t-il alors pour les autres badauds ?

Alex

Eh bien les gens doivent se pousser pour me laisser passer, ou me contourner, et je suppose que certains grognent si je leur marche sur les pieds !

Franck

Sans doute. Et peut-être qu'un camelot est content parce que tu lui achètes un service de table avec tes initiales ! Dans tous les cas, ta décision d'aller au marché influence ton environnement.

Alex

Et si je décide de m'abstraire du monde, de rester au lit pour dormir, par exemple ?

52

Franck

Dans l'hypothèse où personne ne t'attend ni ne s'inquiète pour toi ?

Alex

Oui !

Franck

Sache que même le choix de rester au lit peut influencer certains, simplement par l'exemple que cela leur donne.

Alex

Le choix serait donc au cœur de la vie de chacun ?

Franck

Le choix éclairé, le choix avec conscience, oui.

Alex

Qu'entends-tu par « choix éclairé » ?

Franck

Un choix éclairé est un choix libéré des conditionnements, c'est un choix profond qui, puisqu'il est libéré des conditionnements, va te permettre d'avancer, de changer. Alors qu'un choix trop empreint de conditionnements t'amènera à reproduire ce que ceux-ci te dictent sans que tu ne grandisses jamais. Tu voudras imiter l'exemple de tes modèles (tes parents, la mode…) sans prendre de recul pour décider plus librement, sans prendre de recul pour exercer davantage ton libre arbitre.

Alex

Mais un choix ne peut jamais être tout à fait libre et indépendant, c'est une utopie.

Franck

Tu as raison Alex. Mais certainement que le travail de la vie, si on désire véritablement changer, avancer, c'est d'aller progressivement vers plus de conscience, plus de liberté par rapport aux conditionnements. Un peu plus chaque jour, tout en sachant que nous ne serons jamais totalement libérés ou totalement conscients.

Alex

Et si on veut, au-delà de notre petite personne, améliorer les choses autour de nous, c'est pareil ?

Franck

Certainement, puisque là aussi il faut faire des choix, et, là aussi, s'ils sont trop conditionnés, ils ne seront que la reproduction plus ou moins déguisée du passé. En revanche, plus ils seront éclairés, conscients, plus ils auront de chances d'amener une amélioration réelle et durable.

Alex

On peut en conclure que, si on souhaite améliorer sa propre vie et celles des autres, il faut travailler constamment à être plus conscient pour réaliser de meilleurs choix.

Franck

C'est à la fois le cœur de la vie et le défi principal que la vie nous propose, car absolument tout le reste en découle : l'amour, les relations, le travail...

Alex

Je m'aperçois, avec notre échange, que la vie nous offre l'occasion de réaliser progressivement de plus en plus de choix éclairés, conscients.

Franck
Regardant l'heure
Il est tard, je dois y aller.

Alex

Nous avons encore des questions en suspens !

Franck

Oui, c'est vrai, mais il me semble que nous sommes parvenus à une vision assez synthétique concernant le chapitre « d'où viens-je ? », que ce soit pour le corps ou pour la part immatérielle de l'être.

Alex

C'est exact : dans les deux cas nous venons d'un nombre de sources infinies qui remontent à la nuit des temps !

Franck

Et cela nous a amenés à une vision essentielle de ce que nous offre la vie : apprendre à choisir en conscience.

Alex

Oui et cette vision me paraît d'une extrême importance, c'est bien le cœur de la vie !
La prochaine fois, Franck, nous nous interrogerons sur la question : « Où vais-je ? »

Sur le chemin qui le ramène chez lui Franck est certes heureux d'avancer dans cette réflexion, mais il se sent un peu coupable de s'être laissé trop emporter dans l'échange, d'avoir trop pris l'initiative ; il aurait dû être plus attentif à laisser Alex s'exprimer. C'est vrai que, s'il avait été en meilleure forme, Alex se serait largement imposé dans la conversation. Franck prend conscience que son ami s'affaiblit lentement.

Scène 7
Où vais-je sur le plan matériel ?

Leur nouvel entretien

Franck

Depuis la dernière fois, tu as pu réfléchir à la question :
« Où vais-je » ?

Alex

Oui, Franck. J'ai commencé la méditation et cela
m'aide beaucoup.

Franck
Moqueur

Toi ? Tu fais de la méditation ?

Alex

Il est vrai que si tu m'avais parlé de cela, il y a ne serait-
ce qu'un an, j'aurais éclaté de rire. À ce moment-là,

pour moi, l'important était de faire, d'agir, de voir du monde, et l'idée de rester assis à ne rien faire me paraissait totalement incongrue.

Franck

Oui, tu ne comprenais pas du tout ce qui me motivait. Lorsque je te parlais de mes activités de bien-être, tu me regardais avec des yeux incrédules.

Alex

Mais je ne t'ai jamais critiqué !

Franck

C'est vrai ! Et j'apprécie beaucoup ce respect. Néanmoins, cela te restait réellement étranger.

Alex

Exact, mais maintenant j'apprécie la méditation et la relaxation.

Franck

C'est superbe, car je suis persuadé que cela peut t'aider dans ce que tu traverses.

Alex

Bon, donc je fais de la méditation, et je remarque qu'après, j'ai souvent les idées plus claires, j'appréhende mieux les choses.
D'ailleurs, c'est, à mon avis, une excellente réponse aux questions qu'on pourrait se poser sur « comment

faire des choix plus conscients ? », suite à notre précédente rencontre.

Franck

J'en suis aussi tout à fait persuadé.

Alex

Grâce à la méditation, des idées me sont venues sur « Où vais-je ? » ou, comme nous l'avons dit : « Quelles seront les ramifications futures engendrées par la vie de l'individu que je suis ? ».

Franck

Je brûle de les entendre, Alex.

Alex

Gardons, comme l'autre fois, les distinctions entre matériel et immatériel, et prenons d'abord l'aspect matériel le plus évident : notre corps.
Notre corps, après la vie, retournera à la nature simple. Ses atomes se dissocieront lentement les uns des autres et seront réintégrés par la terre et par la nature en général. Certains atomes participeront à la vie de plantes ou d'animaux pour ensuite à nouveau retourner à la nature et le cycle continuera.

Franck admire silencieusement son ami qui parvient à évoquer ces questions alors que ses jours sont comptés. Quelle leçon pour lui ! Cette fois-ci, il attend afin de laisser Alex poursuivre.

J'ai pensé ensuite qu'à part le corps physique, absolument tout ce que nous réalisons dans notre vie comprend des aspects immatériels.

Franck

Ah bon ? Pourtant si quelqu'un construit une maison, un puits, une route, une table, c'est bien du concret, non ?

Alex

Je suis d'accord, c'est du concret. Et, au début de ma réflexion, je pensais comme toi, que ce n'était que concret, matériel.

Franck

Bien sûr !

Alex

Et puis, après une méditation, il m'est venu à l'idée que dans tout objet que l'on crée, dans tout ce que nous faisons, il y a des intentions, des pensées, des projets, parfois des émotions et des sentiments, toutes choses immatérielles. Je te donne un exemple simple : si tu repeins un mur, le résultat est, bien sûr, un mur repeint. Mais, pour qu'il le soit, tu as eu le désir de le faire, tu as choisi tes outils ainsi que la couleur et la qualité de peinture, et cela a occasionné en toi mille pensées et émotions avant, pendant, et sans doute aussi après, lorsque tu as vu le résultat. Ce que je veux dire, c'est que l'aspect concret n'est que le résultat, la « concrétisation » de quantité d'éléments immatériels, et que le fait de voir les réalisations concrètes uniquement sous leur aspect matériel est, certes, compréhensible, mais, à mon sens très incomplet.

Franck

Ok, mais à la fin, c'est juste un mur peint !

Alex

D'accord… partiellement d'accord !

Franck

Dis-donc, tu as bien bossé pour préparer notre discussion !

Alex

En réalité, pas tellement. J'ai plutôt eu l'impression que les idées me venaient toutes seules !

Franck

Alors, continue ta démonstration. Pourquoi dis-tu que tu es partiellement d'accord avec moi ?

Alex

Je t'explique tout de suite : restons dans le domaine de la peinture en prenant, maintenant, l'exemple d'une toile peinte par un artiste. Lorsque tu regardes une toile peinte par quelqu'un que tu ne connais pas, tu pourrais te dire « C'est juste de la peinture sur une toile ! ». Mais ce n'est pas ce qui se passe : tu regardes la toile et tu ressens quelque chose, même si l'œuvre est totalement abstraite.

Franck

Pas toujours ! Je ne ressens pas toujours quelque chose !

Alex

Même si tu ne ressens pas quelque chose de fort, cette toile crée une certaine ambiance et influence ton état d'esprit.

Franck

Peut-être…

Alex

Oui, et d'ailleurs ton mur repeint aussi : lorsque tu es dans la pièce, l'ambiance est différente de ce qu'elle était avant. Cela influence ton état d'esprit et celui des personnes qui s'y trouvent.

Franck

Je comprends mieux ce que tu voulais dire, et, oui, je veux bien faire mienne ta conclusion qui est que, dans ce qui nous semble concret, nous pouvons y discerner à la fois du « matériel » et de « l'immatériel ».
Je ne vais plus du tout regarder ce qui m'entoure de la même façon.

Alex

Oui, cette perception change énormément la vision des choses. L'autre jour, quand je l'ai réalisé, j'ai ressenti une sorte de vertige, comme une appréhension face à un espace très vaste.

Franck

C'est vrai que cela donne le tournis.

C'est donc au sein même de chaque chose que nous devons examiner ce que deviennent ces éléments matériels et immatériels.

Alex

Après un temps de réflexion

Nous pouvons étendre l'exemple de notre corps physique, de sa réintégration à la nature simple et la dispersion de ses atomes, à, je crois, tous les aspects matériels des choses : même les étoiles naissent, existent, et disparaissent finalement, en restituant tous leurs composants à l'espace qui les entoure.

Franck

Ce qui veut dire que la partie matérielle des choses se transformera. La chose, l'étoile, la plante, l'être humain n'existera plus, mais ses atomes, eux, continueront leur chemin, indépendamment les uns des autres.

Alex

Comme si le corps était une concentration, une cristallisation éphémère de matière. Cela fait bizarre de dire cela.

Franck
Et la part immatérielle, que devient-elle ?

Alex
On se revoit pour en parler, Franck ? J'ai besoin de me reposer.

Franck
Et la part immatérielle, que devient-elle ?

Scène 8
Où vais-je sur le plan immatériel ?

La fois suivante :

Alex
J'ai réfléchi à la part immatérielle…

Franck
On ne t'arrête plus !

Alex
À vrai dire, le sujet me passionne.

Franck
Je te comprends ! Pour moi, nos discussions changent complètement ma façon de voir la vie.

Alex

Acquiesçant

Donc, pour l'aspect immatériel, je te propose qu'on revienne sur la question « Où vais-je ? » en nous centrant sur l'être humain et en nous demandant où, après la vie, va la part immatérielle de l'être ? Où vont ses pensées, ses émotions, son histoire, ses projets…

Franck

Pour répondre à cela, il faut s'interroger sur « quand » et « comment » ces choses sont transmises.

Alex

OK, alors « quand » d'abord : avec certitude nous savons que ces différents éléments se transmettent à d'autres au cours de la vie. Par exemple : tu me donnes une idée, j'en parle à quelqu'un d'autre, qui la transmet à son tour si elle lui plaît, et ainsi de suite. De même, une personne ayant peur d'être abandonnée, transmet inconsciemment cette peur à son enfant, qui peut lui aussi la transmettre à certains des siens…

Franck

Donc, dans sa vie, consciemment ou inconsciemment chaque personne transmet à d'autres une grande part de ce qui immatériellement l'habite.

Alex

Oui, Franck. Maintenant, abordons le « comment ? »

Franck

À mon avis, cette personne transmet avec tout son être !

Alex

Tu peux m'éclairer davantage ?

Franck

Je veux dire, qu'elle transmet au travers de ses actes, de ses réalisations, de ce qu'elle exprime, consciemment ou non, de son attitude, de ce qu'elle dit ou ne dit pas, de ses regards, de ce qu'elle pense ou ressent, de ses sourires ou de ses grimaces, de son comportement dans la vie, de l'exemple qu'elle donne… la transmission passe par tout cela.

Alex

C'est vaste !

Franck

Certes, mais chaque personne s'exprime par tous ces moyens et donc transmet sa part immatérielle par tous ces moyens… Ou plutôt, elle donne.

Alex

Effectivement Franck, pour qu'il y ait transmission, il est nécessaire, avant tout, que quelqu'un donne, et ensuite, il faut aussi qu'un autre accueille ce don.

Franck

Absolument !

Alex

Et là nous en revenons à ce que nous avons déjà développé dans « d'où viens-je ? » : certains accueillent une partie de ce qu'on donne mais reçoivent aussi de la part d'autres personnes : aucun ne reçoit d'une seule et même personne tout ce qui, immatériellement, fait de lui ce qu'il est.

Franck

Je pense aussi que, dans la transmission immatérielle, il doit y avoir un phénomène de dispersion, mais aussi de multiplication.

Alex

Explique-toi !

Franck

Oui. Je vais prendre un exemple : admettons que tu écrives nos entretiens.

Alex

Admettons…

Franck

Si plusieurs personnes lisent ton texte, tout le monde ne sera pas sensible aux mêmes idées, elles seront dispersées : une idée cheminera chez Pierre ou Marie et une autre chez Lucie ou Alfred. Chacun prend le bout qui l'intéresse le plus.

Alex

Néanmoins, Franck, si une idée est accueillie par Lucie, Lucie pourra la transmettre à d'autres : c'est à cela que tu pensais en parlant de multiplication ?

Franck

Je n'y pensais pas exactement comme cela, cependant ta réflexion est très juste, c'est aussi une multiplication. Mais je voulais mettre l'accent sur le fait que plusieurs personnes peuvent lire le même texte et s'en inspirer car c'est immatériel. Il n'y a pas de limite quantitative à la transmission immatérielle.

Alex

Hé ! Cela me fait penser aux emails, qui sont aussi immatériels : tu écris un email et tu peux l'envoyer à un grand nombre de personnes. Il y a un seul email, mais de nombreux lecteurs.

Franck

C'est une bonne image. Et chaque lecteur peut l'envoyer à d'autres : la multiplication continue.

Alex

Je pense que dans ce que tu transmets immatériellement, des pensées, idées, états d'esprit, qualités, défauts, ne trouveront pas preneur, que d'autres chemineront un peu puis s'éteindront, mais qu'en revanche, il y en aura peut-être qui seront transmis sans limite.

Alex paraît soudain songeur ; après un temps il murmure, le regard perdu dans le lointain :

Comme s'il était possible qu'une part de l'énergie que tu déploies durant ta vie puisse continuer très longtemps à se déployer dans d'autres êtres, comme si la vie continuait indépendamment de toi… de moi.

C'est comme si, après la mort, certains éléments de la part immatérielle de soi vivaient encore, pour peut-être, fort, fort longtemps. Comme si la mort n'avait pas de prise sur la part immatérielle des êtres.

Ce qui disparaît, c'est l'unité car la cristallisation de la part immatérielle autour d'un être est remplacée par la dispersion. La part immatérielle peut continuer à se déployer, mais elle n'est plus reliée à l'être qui précédemment l'a portée.

Scène 9

Les conclusions

La fois suivante, les deux amis concluent leur réflexion.

Franck

Nous interrogeant sur « D'où viens-je ? » et « Où vais-je ? », nous sommes arrivés à deux réflexions : tout d'abord que nous venions d'un nombre de sources infinies remontant à la nuit des temps, et ensuite que si tout ce qui était matériel était limité et participait au grand cycle de transformation de la nature, en revanche l'énergie que nous déployons dans notre vie peut dans certains cas continuer très longtemps à se transmettre, et ceci sans limite. Que pouvons-nous en conclure, Alex ?

Alex

Tu vois Franck, jusqu'à présent, lorsque, par exemple, je souriais avec chaleur à quelqu'un, ou qu'une personne faisait de même avec moi, j'imaginais que ce fait ne concernait qu'elle et moi.

J'ai appris, de notre réflexion, que ces sourires, j'aurais aussi pu dire ces pensées amicales, pouvaient également être transmis très longtemps, ensuite, à d'autres, même si cette personne et moi-même avons disparu.

Cela confirme et renforce le sentiment qui m'habite depuis quelques temps que ce que nous pensons, réalisons, projetons, ressentons, imaginons… tout cela est d'une extrême importance pour les autres dans l'avenir. Les conséquences sont réelles, même si elles nous échappent.

Et je reviens à l'idée de choix éclairé que nous avons déjà évoquée. Il me paraît d'une extrême importance, chaque fois que c'est possible, d'être attentifs à faire, dans la vie, des choix qui ouvrent, des choix qui élèvent, chacun, bien sûr, en fonction de ses possibilités.

…

Je remarque que nous n'avons pas parlé de l'âme, c'est normal nous ne l'avions pas prévu. Néanmoins je te soumets une idée :

Un moment, Franck, tu as dit que le corps pouvait être vu comme une métaphore de la part immatérielle de l'être ; peut-être apprendrons-nous un jour que le corps et la part immatérielle peuvent être observés comme une métaphore de l'âme :

Nous l'avons vu : le corps est fruit matériel de tout, puis se disperse. Sur un autre plan, la part immatérielle de l'être est fruit de tout ce qui est immatériel, puis se disperse. Pourquoi serait-ce différent pour l'âme, si elle existe ? L'âme serait fruit de tout, mais à un niveau encore différent, plus vaste. À chacun de l'appeler comme il le souhaite. Elle se cristalliserait un moment autour d'un être, puis retournerait à l'essence de tout pour s'y fondre comme une goutte d'eau se fondant dans l'océan, ou comme la lumière se fondant dans la lumière… Qui sait ?

Les deux amis restent un long moment silencieux, chacun dans ses pensées, et, finalement :

Alex

En tous cas, grâce à notre échange, j'ai une meilleure conscience de ce que je suis et, plus encore, de ce que je peux donner aux autres grâce à mes choix. Merci Franck.

Franck

Merci du fond du cœur à toi, Alex. Seul je n'aurais pas avancé dans cette réflexion. J'ajoute que je suis très touché que dans les circonstances présentes, malgré ton combat actuel, tu t'intéresses à ces sujets. Ton attitude suscite en moi une profonde admiration.

Trente mois plus tard, Alex s'éteignait. Son exemple fut longtemps source d'inspiration pour Franck et pour bien d'autres…

LUMIÈRE DANS LA VIE

Présentation

Il y a quelques années le terme « spiritualité » semblait souvent tabou, suspect et sulfureux, car sans doute trop utilisé par des maîtres de la manipulation mentale. Aujourd'hui, ce mot est prononcé à tout propos ; récemment, par exemple, j'ai été fort surpris d'entendre parler de « management spirituel ». Pourquoi pas ? puisqu'il me semble que nous pouvons intégrer la spiritualité dans chaque acte de la vie.

Ce terme est si souvent utilisé que nous pourrions croire que nous lui donnons tous le même sens, or c'est loin d'être le cas. Je m'en suis rendu compte lors d'une soirée où j'ai posé cette question à la ronde : pouvez-vous définir ce que vous entendez par « spiritualité » ? Chacun eut alors une façon personnelle de la définir : il n'y avait pas deux définitions identiques. Je dois dire, cependant, que toutes les interprétations me parurent recevables car chacune évoquait une partie du sens que j'accorde à ce mot.

Ces différentes interprétations ne doivent pas être un écueil. Aussi, je vais donner une définition afin que nous puissions nous comprendre : par spiritualité, j'entends tout ce qui concerne la recherche, la quête, la définition, de ce qui est plus grand que nous, ainsi que tout ce qui a trait à notre relation avec lui. Que ce plus grand que nous soit immatériel ou matériel, qu'on l'appelle : l'Humanité, la Nature, l'Absolu, l'Un, l'Univers, le Tao, Dieu, la Vacuité ou la Claire Lumière…

J'expose ici ma vision de la spiritualité ; elle est le fruit de mon parcours, de mes rencontres, de mes expériences, de ma sensibilité, toutes choses que je décris dans ce livre et qui me sont propres. Votre vision sera peut-être différente.

Si vous lisez ceci, et je vous en remercie, c'est que vous êtes intéressé par cet immense sujet, qu'il suscite votre curiosité, ou que vous y pensez, au moins parfois. Je ne cherche pas à vous dire de quelle façon il vous faudrait penser ou être. Mon seul souhait, dans ce partage, est qu'il nourrisse votre propre réflexion.

Sur certains points vous vous trouverez, je l'espère, en accord avec moi et sur d'autres en opposition, c'est naturel. L'essentiel à mes yeux, ce que je souhaite profondément en écrivant, est qu'en vous frottant ou en vous confrontant aux idées exposées ici, vous avanciez dans votre propre pensée et que votre chemin, votre vie, s'emplisse de lumière.

Chapitre 1
Les difficultés de la vie

Nous sommes dans les années quatre-vingt-dix.

Confronté aux difficultés de la vie que je garde pour moi (mais peu importe car tout le monde en rencontre), un état d'esprit inconfortable s'était progressivement développé en moi.

Tout m'agaçait très vite, les autres en particulier ; je manquais de patience, j'avais l'impression de me heurter à des murs dans tous les domaines.

Progressivement, l'amertume montait : je pensais que les gens ne faisaient pas ce qu'ils auraient dû faire et je leur en voulais, je développais de la rancœur à leur égard.

J'avais de plus en plus de jugements négatifs sur tout et tous ; cependant je n'exprimais pas ostensiblement ces sentiments car quelque chose de mon éducation me retenait encore. Toutefois, je les ressentais bel et bien, j'étais intérieurement plein de reproches pour tout un chacun.

Ce que je viens de décrire me fait penser à l'agressivité qui règne aujourd'hui dans les commentaires sur les réseaux sociaux : on y retrouve l'amertume, les jugements surtout négatifs, la critique méchante, les reproches faciles, le ricanement acerbe. Je suppose que vous êtes d'accord pour dire que c'est désolant ? Eh bien c'est une bonne illustration d'une partie de mon état d'esprit à ce moment-là de ma vie. Peut-être que les personnes qui s'expriment de cette façon ressentent en eux le même malaise que celui que je ressentais alors.

Vous connaissez ce sketch fameux de Raymond Devos où un automobiliste arrive sur une place où il n'existe que des sens interdits ? Dans cette histoire, il y a beaucoup de cocasserie et d'humour, et puis le « héros » est fort conciliant. Parfois, dans notre vie, nous nous retrouvons également sur une place dont on voudrait sortir par la rue menant, si ce n'est au bonheur (on n'en demande pas tant) du moins à un peu de mieux-être. Mais tout semble nous en empêcher, quel que soit le domaine vers lequel se tourne notre regard. À l'entrée d'une rue il est indiqué

« sens interdit : mauvaise alimentation », à l'entrée d'une autre « sens interdit : pesticides », la suivante « sens interdit : terrorisme », encore une « sens interdit : réchauffement climatique », puis « sens interdit : abus de médicaments », et aussi : « sens interdit : surpopulation », et encore : « sens interdit : plastiques », « sens interdit virus » … Je cesse ici la litanie, mais vous pouvez très facilement la continuer : il vous suffit de suivre les informations régulièrement ou de demander à des amis s'ils ont des idées.

Vous comprenez que lorsqu'on baigne dans cette ambiance morale, on a tendance à perdre patience, à s'aigrir ou à désespérer.

La question que l'on peut se poser est : pourquoi sommes-nous à ce point friands d'informations ou de sujets de discussions si anxiogènes ? Car c'est cela qui crée cette lourde ambiance morale.

Si ces sujets ne nous passionnaient pas, les médias n'en parleraient pas. Ces thèmes nous inquiètent et nous en redemandons. Pourquoi donc ?

Pour être rassurés ? Si c'était le cas, lorsqu'un sujet d'actualité dramatique est épuisé, nous ne nous précipiterions pas avidement sur un autre bien angoissant.

Juste pour être informés ? Alors dix pour cent des discussions ou des informations consacrées à ces thèmes suffiraient largement à combler ce besoin. A quoi servent les quatre-vingt-dix pour cent supplémentaires ?

Vous avez certainement votre propre réponse ? En tous cas moi, avec le recul, je peux vous dire pourquoi j'étais, dans cette période de ma vie, intéressé par les informations dramatiques.

Vous voulez vraiment savoir ? Alors voici :

J'avais, vous l'avez bien compris, un grand malaise en moi, le sentiment que rien n'était possible, alors toute information dramatique à l'extérieur câlinait mon malaise : d'une part elle le justifiait, d'autre part elle l'entretenait. Cela correspondait tellement bien à mon état intérieur que cela entrait en résonnance ; le malaise intérieur et le malaise extérieur vibraient ensemble, valsaient ensemble.

Evidemment je n'étais pas heureux, bien au contraire. Sans rejeter vraiment la morale généreuse qui avait été la mienne auparavant, je perdais de plus en plus le contact avec elle. De la même façon, j'étais devenu fermé, asséché, recroquevillé, et de plus en plus éloigné de ce qui nous transcende.

Je gardais comme seuls objectifs le fait de se battre (la vie est un combat), d'être débrouillard, d'être plus malin que les autres pour m'imposer dans ce monde, ou au moins y survivre.

Et comme cet état d'esprit agressif ne correspondait pas à l'être que j'étais (car au fond de moi quelque chose d'un autre ordre vivait toujours), j'échouais très fréquemment et c'était bien normal.

Une seule chose restait importante dans ma vie, c'étaient mes enfants pour qui j'ai un amour immense. Je pense sincèrement que ce sont eux qui ont entretenu, tenu vivante, la flamme de l'amour en moi pendant tout ce temps.

Même cela, alors, se retournait contre moi, car, ayant le sentiment de rater tout ce que j'entreprenais, je m'enfonçais dans des jugements de plus en plus négatifs à mon égard et j'en concluais finalement que je n'étais pas à la hauteur de l'amour que j'avais pour mes enfants.

Avant d'aller plus loin, essayons de comprendre comment il est possible d'en arriver là.

Je pense que mon cas est loin d'être isolé, que nous sommes nombreux à traverser de tels moments, des moments où la vie « coince » et où on se sent très mal. La vie n'est pas linéaire.

La vie coince souvent à l'âge adulte parce qu'à l'adolescence nous avons fait des choix qui ne nous correspondaient pas.

Comment faire autrement ? Jeunes, nous ne nous connaissons pas et nous ne connaissons pas le monde non plus.

Cela paraît fou, n'est-ce pas ? Nous ne nous connaissons pas nous-mêmes, nous ne connaissons rien au monde et c'est le moment où nous devons prendre les décisions les plus importantes de notre vie : le choix d'un travail, le mariage, les enfants…

Pourtant, faire ces choix à cet âge est inévitable. Comment pourrait-il en être autrement ? Attendre de se connaître et de connaître le monde pour se décider ? Cela prend plusieurs dizaines d'années ! Parfois la vie elle-même n'y suffit pas ! Et si une femme prenait tout ce temps pour, par exemple, se décider à avoir des enfants, il serait physiologiquement souvent trop tard, son corps ne le pourrait plus. De plus, à l'adolescence nous sommes pleins d'énergie, nous brûlons d'envie d'agir, d'envie de prendre une part active dans le monde, de nous y intégrer comme nous imaginons que l'ont fait nos ainés.

Je le redis : c'est inévitable.

Donc il est nécessaire de se décider, c'est très bien, il faut avancer même si les choix que l'on fait ne sont pas toujours les meilleurs pour nous ; ce que nous ne saurons que bien plus tard. Ce qui souvent ne va pas, c'est la façon dont nous investissons certains choix impliquants.

Pour illustrer cette affirmation, je vais prendre un exemple de choix professionnel, mais la problématique est exactement la même sur les plans relationnels, affectifs, familiaux… Imaginons le cas d'une personne qui souhaite mener une carrière artistique, par exemple une femme qui voudrait être artiste de théâtre : elle étudie le théâtre, suit des cours pour se perfectionner, puis commence à jouer dans quelques pièces avec un public modeste. Mais la réussite tarde à venir : on lui propose encore et encore des petits rôles. Cela lui permet certes de vivre, mais sans plus. Bien sûr, à ce moment-là elle n'imagine pas abandonner parce qu'elle ne réussit pas aussi bien qu'elle ne l'avait espéré. Pour elle, au contraire, il faut qu'elle travaille encore plus, qu'elle améliore son jeu, qu'elle fasse plus d'efforts !

Cela paraît logique, cohérent, voire intelligent. Et pour certains, ça l'est véritablement. Mais pas pour tous.

Voyez-vous, si cette personne a un talent correct, mais sans plus, nous pouvons affirmer qu'elle est moyennement faite pour ce métier. Elle n'a donc pas la possibilité d'y réussir totalement, quels que soient les efforts qu'elle réalise.

Devrait-elle, alors, changer de métier ? Pas obligatoirement.

Elle peut se contenter du niveau de réussite qu'elle obtient et être heureuse dans cette situation. Au lieu d'investir tout son temps disponible à se désespérer ou à faire des efforts stériles pour progresser, elle peut s'intéresser à nourrir de belles relations, à voir les richesses humaines qui nous entourent, tous, et à coté desquelles elle passe jour après jour.

Je sais, vu de l'extérieur et exprimé de cette façon, cela paraît évident. Pourtant cette femme ne le fait pas. Elle ne le fait pas uniquement à cause de la représentation qu'elle a de ce qu'elle devrait être.

À la fin de son adolescence (on y revient), son imagination a construit un modèle auquel elle croit devoir ressembler, avec un niveau de réussite important qu'elle veut absolument atteindre : devenir une actrice célèbre. Elle a ancré ce modèle, cette image, très profondément en elle.

En soi, ce n'est pas gênant car il faut bien des objectifs pour avancer.

Pourtant les objectifs ne doivent pas être des geôles.

À son insu, ce modèle l'emprisonne totalement. Elle voit moins, ou plus du tout, ses amies. Elle consacre toute son énergie à essayer d'atteindre son but. Mais, comme elle n'y parvient pas, un sentiment d'échec s'installe progressivement, puis celui-ci engendre tristesse, amertume, lassitude, angoisses, insomnies… et pourrait entrainer le pire.

Elle aurait, bien sûr, la possibilité de se faire aider. Mais c'est comme s'il fallait absolument qu'elle ressemble à ce modèle pour justifier sa présence dans le monde. Elle est incapable de le remettre en cause, c'est comme si seul le fait de l'atteindre pourrait lui donner le droit de vivre, et que ne pas l'atteindre retirerait tout sens à sa vie. Elle veut bien se faire aider, mais lorsqu'elle s'y décide c'est uniquement pour tenter d'atteindre son objectif (puisque pour elle c'est le fait de ne pas y parvenir qui la rend malheureuse). Alors quand il arrive que les entretiens, avec un thérapeute par exemple, partent dans une direction qui risque de remettre en cause ce but, elle arrête les rendez-vous.

Pourtant ce modèle n'est que le fruit de son imagination, sa souffrance est inutile ! On voit ici jusqu'où une pensée erronée peut nous mener !

Si cet exemple, qui prend pour base la profession, ne vous parle pas suffisamment, vous pouvez le transposer dans le domaine relationnel, amical, social, familial. Voyez également si, vous-même, n'êtes pas emprisonné ou n'avez pas été emprisonné dans le passé par vos modèles imaginaires, vous savez, ces objectifs si importants qu'il vous faut absolument atteindre, ces désirs si forts qu'il vous faut absolument satisfaire… au détriment de bien d'autres réalisations possibles.

Dans ma phrase précédente, le problème ne vient pas tant des objectifs ou des désirs, que du mot « absolument ». C'est la façon dont nous investissons démesurément ces objectifs et ces désirs, la manière dont on s'y attache qui crée un nombre infini de problèmes.

Alors, faut-il se contenter de ce que l'on a ?

Il ne s'agit pas de s'en contenter, mais, avant tout, de prendre vraiment conscience de ce que l'on a. Je crois que nous ne réalisons tout simplement pas la richesse que nous avons chacun. Découvrons-la !

Je reviens à mon état d'esprit de l'époque :

Je me souviens qu'un ami, me voyant moralement assez mal, m'avait un jour donné une cassette audio (à ce moment-là, ni le numérique, ni Internet ne s'étaient encore développés). Il y avait enregistré une relaxation guidée et m'a conseillé de l'écouter et de la pratiquer, ajoutant que cela m'aiderait à m'apaiser.

C'était fort sympathique, cela m'a fait plaisir. J'ai pris la cassette en le remerciant… mais je ne l'ai jamais écoutée !

Voyez-vous, lorsqu'on est dans l'état d'esprit dans lequel j'étais à ce moment on peut en arriver à penser, et c'était mon cas, qu'on n'a même plus le droit d'aller mieux, qu'on ne le mérite pas.

Que faire alors dans une telle impasse, face à cette vie impossible ? J'avais alors quarante-cinq ans et j'étais désespéré.

Chapitre 2
Les racines

Afin d'éclairer ce que je développerai par la suite, je dois vous dire quelques mots de ma jeunesse. Revenons vers 1960 : à cette époque, le monde était fort différent, par exemple seuls trois milliards d'êtres humains vivaient sur Terre (et, croyez-moi ou non, sans aucun téléphone portable). Nous sommes presque huit milliards aujourd'hui.

J'ai été élevé dans un milieu catholique. Mes parents n'étaient pas très pratiquants, mais dans la famille il y avait véritablement la culture de la Foi. De la maternelle à la terminale, j'ai étudié dans des écoles qu'on qualifie maintenant de « privées », mais qui, à ce moment, s'appelaient « catholiques » dans le Nord de la France. C'était la fin des années cinquante, le début des années soixante.

Dans l'établissement où j'étais, il y avait plusieurs chapelles et chaque jeudi matin nous avions une messe, toujours en latin, comme partout à cette époque. Dans les petites classes, nous priions le matin avant les cours, le midi à la fin de ceux-ci, en début et en fin d'après-midi également. Il me semble même me souvenir que nous priions aussi avant et après les récréations des milieux de matinées et après-midis, mais je n'en suis plus totalement certain.

Lorsqu'il m'est arrivé, quelques fois, de parler de cela aux copains de mon quartier, qui tous étaient dans l'enseignement public qu'on appelait alors laïque, ils trouvaient cela complètement bizarre et s'en moquaient. Pourtant je n'en étais pas blessé car je voyais bien qu'ils agissaient ainsi par taquinerie plus que par méchanceté. Et puis, je ne vivais pas dans une bulle et j'avais bien conscience que la grande majorité des gens ne priait pas autant, même si à l'époque les églises étaient pleines le dimanche. J'ai aussi, très tôt dans mon enfance, observé que certains étaient forts sympathiques, réellement chaleureux, alors qu'ils ne priaient pas ou peu, et qu'il n'y avait pas de lien direct entre ces deux faits. Pour résumer en quelques mots : ces différences ne nous empêchaient pas de jouer au foot ensemble sur la place des halles chaque fois que nous le pouvions.

À vous aussi, tant de dévotion doit paraître étrange ; pourtant, j'étais, moi, parfaitement à l'aise et épanoui dans cet environnement scolaire religieux. Là ont poussé nombre de mes racines.

Bien des choses me touchaient dans la religion.

La première d'entre elle était l'amour, qui m'apparaissait être au centre de tout ce qui nous était transmis. L'amour de son prochain, l'amour de chacun pour tous et de tous pour chacun, l'amour de Dieu, c'est-à-dire à la fois aimer Dieu et se sentir aimé par lui. L'amour était pour moi ce qui devait être au cœur de la vie. J'étais et je suis toujours empli par cette conviction. Je rencontrais donc dans ma religion quelque chose d'essentiel qui résonnait pleinement en moi.

Je ne saurais dire à quel point je suis en accord avec la première lettre de Saint Paul aux Corinthiens !

À son propos une altération de son sens, volontaire ou non, est souvent commise, lorsqu'elle est lue au cours des cérémonies de mariage, laissant entendre que Saint Paul parle de l'amour des amoureux. En réalité Saint Paul parle de l'amour, cette qualité du cœur, il en parle au sens le plus général. Cet amour n'exclut pas l'amour des amoureux, mais ne peut être réduit à celui-ci.

Voici cette lettre, prenez le temps de la relire :

« Frères, parmi les dons de Dieu, vous cherchez à obtenir ce qu'il y a de meilleur. Eh bien, je vais vous indiquer une voie supérieure à toutes les autres.

J'aurais beau parler toutes les langues de la terre et du ciel, si je n'ai pas la charité, s'il me manque l'amour, je ne suis qu'un cuivre qui résonne, une cymbale retentissante. J'aurais beau être prophète, avoir toute la science des mystères et toute la connaissance de Dieu, et toute la foi jusqu'à transporter les montagnes, s'il me manque l'amour, je ne suis rien. J'aurais beau distribuer toute ma fortune aux affamés, j'aurais beau me faire brûler vif, s'il me manque l'amour, cela ne me sert à rien.

L'amour prend patience ; l'amour rend service ; l'amour ne jalouse pas ; il ne se vante pas, ne se gonfle pas d'orgueil ; il ne fait rien de malhonnête ; il ne cherche pas son intérêt ; il ne s'emporte pas ; il n'entretient pas de rancune ; il ne se réjouit pas de ce qui est mal, mais il trouve sa joie dans ce qui est vrai ; il supporte tout, il fait confiance en tout, il espère tout, il endure tout.

L'amour ne passera jamais.

Un jour, les prophéties disparaîtront, le don des langues cessera, la connaissance que nous avons de Dieu disparaîtra. En effet, notre connaissance est partielle, nos prophéties sont partielles. Quand viendra l'achèvement, ce qui est partiel disparaîtra. »

On ne peut mieux s'exprimer au sujet de l'amour.

À cette époque, je ne me posais pas encore la question de savoir comment vivre davantage dans l'amour car je rangeais cela dans la catégorie des sujets que je comprendrais facilement en grandissant, qu'on m'expliquerait lorsque le moment serait venu.

Je reviendrai plus tard sur les dernières lignes de ce texte, car elles vous ont certainement étonné.

Les valeurs généreuses de la religion m'enthousiasmaient aussi : l'entr'aide, l'attention à l'autre, la bonté, la générosité…

La communauté me plaisait également beaucoup : le sentiment de faire partie d'une immense famille spirituelle dont les membres (imparfaits, j'en étais bien conscient puisque j'en faisais partie) travaillaient à s'améliorer, à grandir humainement ensemble.

Et l'exemple de Jésus et des Saints me laissait saisi d'admiration : ces êtres incroyables qui souvent allaient jusqu'aux plus grands sacrifices, sans haine, sans violence, avec amour même ; habités, portés, par une force intérieure ou transcendante stupéfiante. Comment était-ce possible ?

D'autres éléments de la religion, s'ils ne suscitaient pas chez moi le même enthousiasme, me paraissaient, disons, normaux. Il n'y avait pas, me semblait-il, à les remettre en cause.

C'étaient par exemple les notions de bien et de mal : si je frappe mon voisin : c'est mal, si je lui rends service : c'est bien. Cela me paraissait plein de bon sens.

L'idée de péché me paraissait aussi compréhensible : si vous faites de la peine à vos parents qui vous aiment et que vous aimez, ensuite vous êtes désolés et vous avez envie de vous excuser, d'être pardonné, or, dans mon imaginaire d'enfant, je faisais un péché lorsque j'agissais « mal » et du coup, comme je considérais Dieu comme un super-parent spirituel qui souhaitait que je fasse « bien », c'était normal, c'était bien, de lui demander pardon en confession.

Les sanctions, c'est-à-dire les pénitences, après confessions n'ont jamais été excessives : il s'agissait de prières supplémentaires. Elles étaient un moyen d'assumer toute la démarche et de se recentrer. Je sentais une grande cohérence dans tout cela et cela me convenait très bien.

Différents points m'étonnaient vraiment et je pense n'y avoir jamais cru, je vais vous dire pourquoi.

Ce n'étaient pas les miracles car je n'y attachais pas une attention extrême. En revanche, l'exclusion était pour moi incompréhensible :

Je pensais Dieu bon et tout puissant : l'Amour avec une majuscule.

Pourquoi alors les non baptisés, même s'ils ont fait le bien, ne seraient-ils pas accueillis au Paradis, c'est-à-dire auprès de lui ?

Un père (et Dieu le Père à plus forte raison) aime tous ses enfants, pourquoi y aurait-il des conditions pour avoir le droit de l'approcher ?

De la même façon, je ne comprenais pas les notions de salut à gagner ou de jugement définitif, que ce soit lors de la mort ou du jugement dernier.

Je voyais bien que je n'étais pas parfait, je le redis et mes amis peuvent en témoigner, mais je constatais aussi que mes parents m'aimaient même lorsque je faisais des bêtises. Sur le coup, cet amour ne sautait peut-être pas aux yeux, je le concède, mais après quelques franches explications, tout reprenait son cours normal, à mon grand soulagement. J'imaginais vraiment bien que j'agirais de même lorsque j'aurais des enfants.

Je ne pouvais donc pas adhérer à l'idée que Dieu, Amour absolu, pouvait être plus sévère que mes parents et condamner sans recours les uns ou les autres. Dieu ne pouvait pas être Amour et vengeur ou en colère, il y avait là une impossibilité logique.

Certaines dérives me consternaient et m'effrayaient : les guerres de religion et l'inquisition.

Là on s'éloigne de Dieu et on est face aux comportements des hommes :

Comment peut-on tuer, asservir, brimer, faire souffrir, au nom d'une religion qui parle de Paradis et d'Amour ? Parce que les autres sont plus loin du Paradis et de l'Amour que nous-mêmes et que cela va leur rendre service qu'on les oblige par la force et le crime à s'en approcher ? Quitte à les tuer ? Ce serait la volonté de Dieu si plein d'Amour ?

Non ! Tout cela avait été d'immenses folies criminelles !

Je pensais alors, peut-être pour me rassurer, que ces procédés appartenaient à un temps révolu et que depuis, les hommes, tous les hommes, avaient compris. J'ai été fort tristement détrompé ces dernières années. Pourquoi les êtres humains se conduisent-ils ainsi ?

Chapitre 3
La différence

A l'adolescence, les discussions avec mes amis mirent en exergue les faiblesses de la religion et je m'éloignai alors de celle-ci.

En 1965, le concile Vatican II amèna la reconnaissance par l'Eglise Catholique de la liberté religieuse, aucun homme ne devant être empêché ou contraint de pratiquer une religion. Cela paraît aujourd'hui tellement évident qu'il nous est difficile de comprendre comment l'Eglise avait pu considérer les choses différemment jusque-là. Ce concile a également entraîné le début des messes en français, en langue vernaculaire, devrais-je dire plus exactement, puisque cela ne concernait évidemment pas que notre pays.

L'Eglise évoluait mais j'avoue qu'adolescent, le sens ou l'importance de cela m'échappait. Ce n'était plus l'époque du foot mais plutôt celle de l'intérêt pour les copines ; un monde nouveau s'offrait à moi et j'en étais absolument ravi.

Lorsqu'avec les uns ou les autres nous parlions de la religion, c'était désormais avec notre regard d'ado. Nous voulions remettre en cause son autorité morale. Ce qui nous intéressait alors était ses failles, que j'ai décrites plus haut : l'inquisition, les guerres de religions… Cela nous permettait de nous dire que l'Eglise était mal placée pour nous montrer un chemin. Cela nous permettait de nous penser plus libres de nos choix… et, accessoirement, d'avoir une petite copine sans nous sentir du tout dans le péché, c'est-à-dire dans la culpabilité, ce qui constituait un avantage considérable de ces profondes réflexions, vous en conviendrez.

Comment se fait-il que je continuais alors à me sentir bien dans mon établissement scolaire catholique ?

La première réponse qui me vient est que c'est grâce à l'état d'esprit de l'encadrement pédagogique et du corps enseignant.

Comment expliquer cela ?

Bien sûr, il y avait des professeurs que j'aimais bien, et d'autres pas du tout. Tous avaient des défauts ou des faiblesses, évidemment, puisqu'ils étaient humains. Mais chez la grande majorité, je ressentais le désir de nous transmettre, au-delà du savoir des cours, une façon humaine, chaleureuse et responsable d'être dans la vie. Alors, qu'il y ait certains profs que je n'appréciais pas, ou certaines failles dans l'histoire de l'Eglise que je jugeais du haut de mon orgueil d'adolescent, il y avait néanmoins là, au moment où j'y étais, un climat, une ambiance générale que je respectais et dans laquelle j'étais heureux de baigner.

Ce sont donc les personnes et ce qui émanait d'elles qui m'ont en partie motivé à rester dans ce milieu.

Il y a aussi une autre raison et celle-ci est spirituelle.

Je vous ai dit que je rejetais certaines idées importantes communément partagées dans le catholicisme et certains comportements historiques tristement liés à la religion. C'est vrai. Mais il y avait l'essentiel : le message de Jésus, les nombreux exemples des Saints, les valeurs profondes d'amour et de générosité. Fallait-il rejeter ce qui était pour moi l'essentiel parce que j'étais opposé à certaines idées, à certains comportements ?

Non, je ne le pouvais pas, cela aurait été m'arracher à une dimension essentielle de mon existence.

J'ai bien fait.

Pour sortir de cette contradiction : celle d'être en partie pour et en partie contre (nous sommes certainement nombreux dans ce cas), j'élaborais ma synthèse personnelle.

J'avais suffisamment de repaires et d'éducation, pour tâcher de me comporter moralement. Aussi c'est ce que j'essayais de faire le mieux possible dans la vie concrète.

De son coté, ma vie spirituelle continuait à se dérouler, mais d'une façon particulière : je me sentais pleinement libre tout en gardant un lien profond avec Jésus, Dieu, la Vierge Marie, mes Saints patrons, à qui j'adressais fréquemment des prières. J'allais fort peu à la messe mais je me recueillais de temps en temps dans les églises… Je vivais donc ma spiritualité à ma manière.

Bien des années plus tard, je me suis rendu compte que, si j'avais gardé ce qui à mes yeux était essentiel, j'étais insensiblement devenu étranger à la communauté Catholique. Je ne le souhaitais pas, mais peut-être était-ce nécessaire dans mon parcours.

Parallèlement, le monde a aussi évolué : les églises ont été désertées, désormais beaucoup disent ne pas croire, être agnostiques, ou se méfier des religions.

Chapitre 4
Au fond du trou

Cet éclairage ayant été étant donné, nous me retrouvons maintenant à quarante-cinq ans, période où j'allais moralement si mal.

C'est bien dommage, mais il nous faut souvent descendre très bas pour, à un moment, ressentir un déclic, une réaction en nous-mêmes, qui nous fait percevoir notre vie différemment et nous pousse vers le haut.

J'ignorerai toujours si ce déclic se serait produit sans le drame que voici :

Parmi les bons copains que j'avais vers la fin de mes études, il en était un des plus sympathiques dont le sourire éblouissant éclairait souvent le visage. Nous n'étions pas très proches, mais nous nous sommes vus assez souvent pendant les quelques années durant lesquelles chacun s'est marié et a eu des enfants. Puis, les chemins ont divergé. J'avais parfois de ses nouvelles par un ami commun, parrain de ma fille et de la sienne. C'est de cette façon que j'ai appris un jour qu'il s'était suicidé. J'étais tellement abasourdi par la nouvelle que je n'ai pas retenu de quelle façon il s'y était pris : une balle dans la tête, ou la pendaison. Ce qui me frappait en pleine face était que cet homme, dont je me souviens encore aujourd'hui du sourire rayonnant, s'était suicidé en laissant sa femme et ses deux enfants. C'était un malheur, un drame absolu. Plus encore : un gâchis sans nom. Je l'ai ressenti de cette façon.

Cela m'a immédiatement renvoyé à ma propre situation et à mes idées noires.

Alors, voyant brutalement que j'étais sur le chemin qu'avait emprunté ce copain, je me traitais de fou et d'inconscient et une profonde révolte intérieure s'est, d'un coup, élevée contre ma propre attitude envers la vie...

Quelques jours après, moins dramatiquement, je réalisais aussi que le râleur que j'étais devenu, celui qui critiquait les autres, celui en qui le cynisme s'installait, ce n'était pas moi. Je ne voulais pas être comme cela, je ne voulais pas donner cet exemple à mes enfants.

Ceux qui m'ont connu durant ces années difficiles sont peut-être surpris en lisant ces lignes car je donnais le plus souvent une apparence de calme alors qu'intérieurement j'étais tourmenté, sous pression, prêt à exploser.

Ces prises brutales de conscience m'ont amené à la révélation claire que j'étais à coté de ma vie. Que je m'emprisonnais moi-même en m'interdisant trop de réalisations possibles. Qu'il fallait que je me sente libre par rapports aux modèles qui avaient été les miens jusqu'alors puisqu'ils m'avaient conduit à une impasse. C'est à ce moment précis que j'ai décidé, non pas de tout changer, mais de m'ouvrir à d'autres centres d'intérêts, de rencontrer d'autres personnes. En quelques mots, de m'autoriser à retrouver l'espace de vie qui me manquait. C'était cela ou continuer sur une pente fatale. D'interdit qu'il me paraissait être, le choix du changement devint soudain évident.

Chapitre 5
Reprendre pied

Un homme peut rencontrer une femme qui pourrait faire son bonheur et passer son chemin dans la plus grande indifférence, s'il n'est pas prêt. Je suis également persuadé qu'à tout moment de la vie, des possibilités s'offrent à nous pour aller mieux, mais, là aussi, encore faut-il que nous soyons disposés à les saisir.

Un peu plus tôt je vous parlais de cet enregistrement de relaxation qui m'avait été offert et que je n'avais jamais écouté. Ce n'était pas encore le bon moment pour moi.

Depuis, nous venons de le voir, mon état d'esprit avait changé et j'avais décidé de m'ouvrir.

C'est pourquoi, fait impensable quelques semaines plus tôt, lorsque par un étrange hasard j'eus en main le petit dépliant d'une association qui proposait des ateliers de massage, avec un numéro de téléphone à contacter, j'ai appelé pour en savoir plus. Il me semble me souvenir que je l'ai fait le jour même.

C'est de cette façon que je me suis retrouvé, un soir, au sein d'un groupe d'une dizaine de personnes, à participer à ma première initiation à une forme de massage « bien-être ».

J'ai toujours ressenti que le corps était extrêmement important. Non seulement parce qu'il est fonctionnel pour, par exemple, se déplacer ou penser, mais parce qu'un corps en bonne santé est plein de force, de chaleur, de douceur, de tendresse, de sensualité, parce qu'il nous fait ressentir la vie. Le corps nous ouvre des portes merveilleuses sur des mondes que la pensée ou l'intellect ne peuvent envisager. C'est sublime. Ce ressenti me rend plus proche (au moins tels que je les imagine) des grecs anciens, des romains, ou de certaines philosophies et pratiques orientales, que du christianisme.

Comment vous décrire dans quel état j'étais lorsque j'ai commencé à participer à ces ateliers ? J'étais mal, c'est certain. J'étais à la fois sous pression, comme une cocotte-minute, mais avec le sentiment paradoxal que j'avais déjà explosé, que j'étais éparpillé. J'avais l'impression de ne plus être vraiment. C'est certainement difficile à comprendre si vous n'avez pas vous-mêmes traversé de tels moments.

Eh bien, même si tous, sauf bien sûr l'animateur, étaient débutants, donc possédaient une manière de masser parfois hésitante, ces contacts physiques enveloppants, bienveillants, sans attente, m'ont apporté en quelques soirées un bienfait extraordinaire.

Principalement, d'explosé que j'étais, j'eus rapidement de sentiment d'être réunifié. Mon corps retrouvait une unité, une cohérence, une harmonie que je ne lui connaissais plus. J'avais encore de nombreuses tensions intérieures, mais je me recentrais, je reprenais corps. On imagine rarement la puissance si bénéfique d'un toucher bienveillant. J'étais loin de l'imaginer avant cette expérience.

Et, précisément, cette expérience m'en a fait prendre conscience de deux façons différentes. D'une part je ressentais le bien être que m'apportait le fait d'être touché de cette façon. Et d'autre part, alors que j'en étais arrivé à tellement douter de moi et de ma capacité à apporter du bien aux autres, je me rendais compte que grâce au contact de mes mains, grâce à la présence que j'y apportais, je communiquais fréquemment ce qu'il y avait de plus beau au fond de moi et que j'étais si incapable d'exprimer dans la vie ordinaire. Voyez-vous, mes partenaires semblaient découvrir en moi, comme des évidences, des qualités dont j'ignorais l'existence parce que je n'avais pas su jusqu'alors les réaliser dans ma vie.

Ce que mes partenaires de massages m'exprimaient parfois n'était pas de la politesse ou de la gentillesse, mais il y avait souvent, dans les regards ou dans les mots, une part discrète mais réelle de surprise, d'étonnement. Ces regards, ces mots, ces attitudes, m'ont relié avec ce qui m'habitait depuis toujours sans que je le sache. J'acquis la conviction que mes mains transmettaient alors des réalités plus essentielles que ce que je disais ou faisais dans la vie courante.

Avec le massage, c'est évident allez-vous dire, on touche le corps des autres et on est touché. Certes, c'est évident, mais cela relève quand même d'une forme de transgression des interdits sociaux et moraux. C'est tellement inhabituel dans notre société où on veille constamment par respect pour l'autre et pour soi à garder ses distances ! Loin de moi l'idée qu'il faudrait changer les comportements de tous. Néanmoins, en transgressant ces interdits, toujours dans le respect des autres, j'avais trouvé grâce à cette activité nouvelle un espace très bénéfique qui m'avait permis de commencer à conquérir et à affirmer ma liberté de choix ; à l'enraciner en moi avec confiance. « J'ai le droit d'être différent, je commence à accorder confiance en mes propres choix ».

Lors d'un atelier massage où j'étais encore intérieurement très tendu, il s'est passé un phénomène extraordinaire.

Ma partenaire ayant pris mes mains dans les siennes, j'eus l'impression soudaine que tout mon stress accumulé était en un instant aspiré dans la stratosphère. D'un coup, je me sentis infiniment détendu.

Lorsqu'un échange de massage se terminait, surtout dans les ateliers d'initiation, nous prenions un temps pour exprimer à l'autre ce que nous avions ressenti. J'ai évidemment profité de ce moment pour expliquer à Maela ce que j'avais vécu et l'interroger : « Lorsque tu as pris mes mains dans les tiennes, tu as fait quoi ? Ce qui s'est passé n'était pas de l'ordre du massage, alors c'était quoi ? ». Dans sa réponse, pour la première fois j'allais entendre parler de Reiki : « Je n'ai rien fait volontairement. Mais j'ai, depuis peu, été formée au premier niveau de Reiki et si tu es très sensible à cette énergie, peut-être l'as-tu spontanément reçue ».

J'étais à la fois intéressé et méfiant, convaincu et sceptique :

- C'est quoi ce truc dont tu parles ? Tu dis que cela s'appelle comment ?

- Le Reiki.

C'était en 2000 ou 2001. Je me souviens que, juste devant l'entrée de la salle, une affichette indiquait « Méfiez-vous des sectes ! ». J'étais donc sur mes gardes, n'ayant aucune envie de me retrouver dans les complications.

D'un autre côté, ce que j'avais vécu, je l'avais vécu ! Mon expérience était réelle. Elle ne pouvait en aucun cas avoir été induite par un beau discours qu'on m'aurait prodigué, puisqu'il n'y avait eu aucune parole pour me préparer à quoi que ce soit. Je ne pouvais pas non plus m'imaginer avant ce massage que le Reiki, ou même « l'énergie », allait provoquer chez moi ceci ou cela puisque j'en ignorais alors complètement l'existence.

Je ne comprenais pas bien ce qui s'était passé, mais j'ai instantanément pensé que, si je pouvais un jour, procurer autant de bien à d'autres que l'avait fait ma partenaire, il fallait que je me forme, moi aussi. Mais, en même temps, une voix en moi disait : « Prudence, prudence… ».

J'ai donc décidé d'être à la fois intéressé et prudent : j'ai demandé plus d'explications à Maela, qui par la suite est devenue une amie, puis à d'autres personnes qui avaient entendu parler du Reiki ou le pratiquaient. J'ai pris mon temps. Ensuite, je me suis renseigné pour savoir comment se former, et avec qui.

J'ai été rassuré lorsque j'ai acquis la certitude que la pratique du Reiki ne risquait pas d'entrer en conflit avec mes valeurs, qu'il n'était aucunement demandé d'entrer dans une école de pensée, ou spirituelle, particulière, et que, si l'enseignant était appelé « maître », c'était dans le sens de maître d'école, ou de maître artisan, dans le sens de quelqu'un qui maîtrise suffisamment son sujet pour pouvoir l'enseigner, et nullement dans celui de gourou ni de maître à penser. Le seul prérequis est d'être d'accord avec l'idée qu'il existe quelque chose que nous ne voyons pas et qui est de l'ordre de l'énergie de vie. Je découvrirai plus tard que d'autres traditions se réfèrent à ce principe sous des noms différents : souffle, vent, chi, prana, lung…

L'expérience dont je vous ai parlé plus haut m'ayant pleinement convaincu que cette force, cette énergie, existait, le prérequis était donc rempli.

Il ne s'agit pas ici d'un ouvrage sur le Reiki, aussi je ne vais pas vous détailler mon parcours dans ce domaine. Sachez simplement que j'ai commencé ma première formation plus d'un an après l'expérience « magique » dont je vous ai parlé, que j'ai été formé et reconnu maître-enseignant en 2006, et que, depuis, j'ai formé un grand nombre de praticiens de tous niveaux, dont plusieurs maitres-enseignants. Je suis désormais en retraite et la succession est assurée par ces mêmes maîtres-enseignants.

Sur le plan personnel, je peux vous dire que le Reiki m'a accompagné de toutes les façons. Il m'a apaisé, bien sûr, lorsque j'en avais besoin, mais il m'a aussi grandement aidé à poser, à recentrer mon esprit, et ensuite à l'ouvrir. Je pense que je n'aurais pas avancé aussi loin dans mes autres expériences (psychothérapies, Tao, méditation, écriture, spiritualité…) sans ma pratique de Reiki. Je ne peux pas vous dire comment cela se réalisait précisément, mais c'est comme si le Reiki me préparait et m'accompagnait. Il m'a constamment ouvert des portes.

Pas du tout à la manière d'un Dieu qui répondrait à mes désirs, ou les anticiperait, mais plutôt comme le ferait un bon état physique et moral. Si votre corps est en forme et que vous êtes joyeux, vous avez envie de vous déployer dans la vie, de courir, de danser, de chanter, de créer, d'entreprendre, d'aimer. Eh bien le Reiki contribue grandement, depuis toutes ces années, à ce que mon corps soit en forme et mon esprit joyeux, ouvert aux autres, et de plus en plus ouvert à la spiritualité.

Il faut que je vous situe ce qu'est le Reiki : c'est une pratique particulière de travail sur l'énergie. Il existe bien d'autres pratiques de travail sur l'énergie. Certaines, et c'est le cas du Reiki, trouvent leur origine en orient (yoga, tai chi, chi gong, shiatsu, acupuncture…), d'autres, que l'on appelle parfois par extension très large « chamanisme », se rencontrent dans tous les endroits du monde. Dans tous les cas on considère qu'il y a une énergie en nous, autour de nous, et plus généralement dans toute la nature, que nous devons avoir suffisamment de cette énergie, et qu'elle doit circuler facilement en nous, afin que nous soyons bien dans notre vie. L'idée principale du Reiki est que le praticien, grâce aux formations qu'il suit, acquiert la faculté de recevoir l'énergie en plus grande abondance, ce qui lui donne la capacité de la transmettre à d'autres.

J'arrête ici mes explications, car ce sont des expériences à vivre plus qu'à décrire.

Le massage me reconnectait à moi-même, et le Reiki à une force naturelle qui me dépassait. Ce qui est intéressant de noter, c'est que je n'étais pas en attente de cela avant que je ne vive ces expériences, je n'en rêvais pas. Je ne me disais pas : « je vais faire du massage parce que cela va me relier à moi-même » ou « je vais faire du Reiki parce que cela va me permettre de me relier à une force qui me dépasse ». Non. J'ai fait du massage parce que j'ai senti que mon corps en avait une très grande envie, et du Reiki parce que cela m'ayant fait du bien, j'avais envie de procurer du bien à d'autres. Les connexions dont je parle ici, à moi-même et à ce qui nous dépasse, je ne les ai constatées qu'a posteriori.

J'ai aussi pris conscience, qu'ayant osé suivre mon intuition, j'avais découvert que j'en étais pourvu. J'en ai été extrêmement surpris car, jusqu'à cette période, je pensais que toute décision devait être posée, analysée, réfléchie, en un mot, rationnelle. J'ignorais alors, que ce que j'appelais « rationnel », était davantage le fruit de mes conditionnements que d'une réflexion idéalement objective. D'où de nombreuses décisions insatisfaisantes, qui n'étaient ni complètement bonnes pour moi, ni complètement rationnelles, mais plutôt entre les deux. Ce n'était pas étonnant si j'avais fini par me sentir coincé dans ma vie.

Les découvertes du massage et du Reiki sont pour moi liées à l'entrée dans un monde nouveau et merveilleux, mais je n'en étais alors qu'à l'orée.

J'ignorais encore que j'entamais ma quête spirituelle. Pour cela, il allait falloir que je vive d'autres expériences et que j'acquière de nouvelles connaissances. Et, voyez-vous, cela tombait bien car j'en avais une immense envie.

Chapitre 6
Un autre regard

Je souligne que ce qui est décrit dans cette partie ne l'est pas en suivant un ordre chronologique. C'était une période où j'étais avide de comprendre. De me comprendre et de comprendre les autres et le monde. Mes références anciennes avaient montré leurs limites et il me fallait en trouver de nouvelles ; j'avais besoin d'acquérir une nouvelle façon de voir la vie. J'étais donc curieux de tout en ce domaine, je faisais miel de toutes fleurs, et beaucoup des expériences décrites ci-dessous se sont entremêlées, superposées, juxtaposées… jusqu'à ce que progressivement un chemin se dessine.

Ma vie, encore compliquée, et ma sensibilité qui n'est pas petite, faisaient que j'étais complètement envahi par mes émotions en même temps que j'étais enfermé dans mes conditionnements. Mon esprit était comme recroquevillé et le peu de place qui lui restait était envahi par des perturbations : tristesse, peur, colère…

Il était nécessaire que j'entreprenne des démarches actives pour retrouver de l'espace en moi, et les premières expériences que je viens de vous exposer m'y encourageaient.

Le massage et le Reiki, ainsi que les nouvelles relations qui se nouaient autour de ces centres d'intérêt, me faisaient énormément de bien, mais je ressentais aussi le besoin de mettre des mots sur ma vie, de m'expliquer et de comprendre. Et, pour cela, il fallait que je trouve les bons interlocuteurs et les bonnes approches ; je veux dire les personnes et les manières de procéder qui me correspondaient, ce qui n'est pas si facile lorsqu'on ne connaît pas ces domaines. Fort heureusement, je n'étais pas seul et, en en parlant autour de moi, certains m'ont donné les coordonnées de personnes qui les avaient aidés et que j'ai pu contacter.

Je le reprécise car c'est important : je parle de mon expérience ; de ce qui m'a convenu, mais pour d'autres, les chemins peuvent, bien sûr, être différents.

Avec plusieurs thérapeutes, j'ai fait de la psychothérapie comportementale. Cela a évidemment nourri ma réflexion, mais cela m'a surtout permis de passer certains caps difficiles, de prendre des décisions (pas toutes excellentes d'ailleurs, mais il fallait bien avancer), quand, seul, je serais resté englué dans des situations qui ne me convenaient pas. Cela m'a aussi aidé à, progressivement, me faire à l'idée que je pouvais être décideur de ma vie.

Cette dernière notion ne m'était pas du tout familière. Vous allez mieux le comprendre avec l'expérience de groupe de parole dont je vais vous parler maintenant.

Elisabeth faisait partie des nouvelles personnes dont j'avais fait la connaissance ; elle m'a invité à participer à la création d'un groupe de parole sur la codépendance. Celui-ci était animé par Myriam, que je découvrais alors, et qui est ensuite devenue une amie proche.

Qu'apporte un groupe de parole ? me demanderez-vous.

Voici : un groupe de parole réunit plusieurs personnes, qui échangent sur leurs difficultés, ou simplement sur leurs questionnements, autour d'un sujet qui leur tient à cœur en essayant de comprendre comment améliorer leur vie. Le groupe est guidé par un animateur possédant une bonne maîtrise du sujet concerné parce qu'il est passé par les mêmes problématiques avant de les dépasser.

Un des bénéfices les plus importants, dans ces échanges, est qu'ils m'ont amené à prendre conscience de l'importance considérable de nos conditionnements, et de leurs effets dans notre vie. Cela m'a profondément libéré.

Voyez-vous : jusqu'à ce moment, je pensais que j'étais comme j'étais, et qu'il n'était pas possible de vraiment changer, sauf de façon marginale en améliorant ceci ou cela. Grâce à ce groupe de parole j'ai réalisé à quel point, si nous vivions les uns et les autres les mêmes difficultés, c'était parce que nous avions vécu des expériences traumatisantes similaires dans nos enfances respectives. Pour ma part, je réalisais que ce que je prenais pour des traits fondamentaux de ma personnalité, n'étaient en réalité que des conditionnements, des adaptations, que j'avais développés dans l'enfance face à une situation difficile, et que je reproduisais adulte dans mon attitude quotidienne. Quelle révélation cela a été !

Vous vous demandez certainement aussi : « Et la codépendance, c'est quoi ? Quel rapport y a-t-il avec le fait d'être décideur de sa vie ? »

Je vais vous répondre avec ce texte que j'ai écrit en signe de remerciement à tous les participants et à Myriam, avant de quitter le groupe, jugeant que j'y voyais désormais suffisamment clair.

Mon désir était déjà de transmettre ce que j'avais appris de mes expériences, ceci est donc le premier texte, qu'on pourrait appeler « de transmission », que j'ai rédigé, avant ceux de mes livres (dont celui-ci, vous l'avez compris), ou de mes vidéos.

Il s'appelle « Se libérer de la codépendance », le voici :

« Ce texte s'adresse en particulier aux personnes qui vivent ou ont vécu avec des proches dépendants. Dépendants de produits (médicaments, alcool, drogues…) ou dépendants psychologiques, comme peut l'être parfois un parent (père ou mère) en longue maladie, ou anxieux, ou possessif.

Il s'adresse aussi à leurs proches qui pourront ainsi mieux comprendre les différents états d'esprit ressentis.

Les codépendants ont en général vécu cette situation dans leur enfance. Souvent « la vie » leur fait revivre ce scénario dans leur couple, au travail… dans tous les cas avec des personnes à qui elles tiennent.

Je souhaite ici donner sous forme synthétique une idée de ce que peut être le parcours d'un codépendant allant vers plus de liberté. Je me suis inspiré de ma propre expérience et de nombreux échanges avec d'autres personnes codépendantes.

Il est très facile de définir ce qui caractérise le plus un codépendant car tout est dit dans le terme « co-dépendant » : c'est une personne qui ne se définit pas par elle-même, mais essentiellement en fonction de l'autre.

Mais ce n'est en aucun cas une fatalité ; on peut s'en détacher.

Pour expliquer pourquoi et comment c'est possible voici, (très) résumé en quatre étapes ce que peut être un parcours.

LA NUIT PSYCHOLOGIQUE :

Cette période souvent très longue est la plus éprouvante.

Vivant avec un proche dépendant, très souvent un parent, le codépendant développe à son insu de nombreux réflexes et conditionnements.

Pour lui, tout dépend de l'autre : sa vie, ses pensées, ses émotions sont conditionnées à celles de l'autre.

Il s'efforce en particulier de ne rien faire qui pourrait risquer de contrarier l'autre.

Il anticipe ses réactions.

Il adopte systématiquement le comportement qui risquera le moins de faire de vague.

J'appelle cela « nuit psychologique » car à partir du moment où un tel comportement est ancré, et cela s'installe sur de nombreuses années, le codépendant perd tout recul pour ressentir quels sont ses goûts réels, ce qu'il préfère, ce dont il a besoin ; on peut donc dire que d'une certaine façon, il est dans la nuit.

Lorsqu'un choix à faire n'entraîne de conséquences que pour lui, il arrive encore à décider, mais lorsqu'une personne qui lui est chère se trouve impliquée, alors souvent le choix sera « c'est comme tu veux » ou « choisis, toi, du moment que cela te plaît, je suis heureux » ou mieux encore, anticipant le désir de l'autre, il choisira en conséquence.

Il préférera toujours se priver plutôt que de risquer de ne pas faire plaisir à l'autre ou de le contrarier.

On peut considérer que dans une situation équilibrée, par exemple dans un couple, s'il y a une décision commune à prendre comme aller au cinéma ou à la piscine, il est logique que chacun ressente ce qui lui plaît personnellement, pour ensuite en discuter ensemble. Quitte, si les désirs sont différents, à rechercher un compromis pour la soirée concernée, aller au cinéma ce soir et à la piscine la semaine prochaine, ou aller au cinéma ensemble et un autre soir aller à la piscine avec des amis. Beaucoup de solutions sont possibles selon les préférences de chaque couple.

Un codépendant ne s'interroge pas en ces termes.

Il ne se pose pas la question « qu'est-ce que je désire, moi ? ».

Il saute à pieds joints au-dessus et se dit : l'autre n'aime pas trop aller au cinéma, donc la réponse sera spontanément « si tu préfères aller à la piscine, pour moi c'est pareil » ou « cinéma où piscine ? la piscine c'est très bien ! » Il ne le fait pas exceptionnellement, il le fait presque systématiquement.

Contrairement à ce qu'on pourrait croire, il ne le fait pas réellement pour faire plaisir, ni parce qu'il est gentil, il le fait pour ne pas contrarier, car risquer un différend lui paraît au-dessus de ses forces. Il trouverait même cela condamnable tant il a un sentiment de culpabilité.

Les principales conséquences en sont des relations déséquilibrées où personne ne s'y retrouve.

Le co-dépendant se rend bien compte qu'il ne prend pas sa place, et l'autre, s'il prend la grande majorité des décisions, n'a pas de réel point d'appui pour se confronter lorsque ce serait nécessaire, et par conséquent, il ne peut se construire.

Chacun est dans une relation floue où il n'est absolument pas possible de s'épanouir.

Dans le cas d'un couple qui vit une telle situation, le modèle que les parents donnent à leurs enfants n'est pas non plus équilibré, et malheureusement ces derniers auront tendance à reproduire eux-mêmes de telles relations.

Il est aussi extrêmement important de noter que si, initialement le codépendant l'est d'une personne dépendante, une fois le conditionnement ancré, le codépendant est souvent codépendant de toute personne chère car il reproduit avec ses proches les attitudes et les comportement acquis avec la personne dépendante, d'où des relations déséquilibrées avec l'ensemble de l'entourage.

LA PRISE DE CONSCIENCE

À un moment, la situation dans laquelle le codépendant se trouve lui devient insupportable, invivable. C'est trop ! Les forces de vie qu'il a en lui veulent s'exprimer.

C'est un moment particulièrement délicat.

Il arrive que le codépendant passe alors par une dépression qui peut être profonde.

En effet, il ressent les forces de vie en lui et n'entrevoit pas de possibilités pour les exprimer. Il traverse un grave conflit intérieur car en même temps qu'il ressent le besoin légitime d'être, il s'en interdit la possibilité, il ne s'en sent pas le droit. Sa vie se trouvant niée, il peut être tenté par des solutions extrêmes comme de fuir, tout quitter ou mettre fin à ses jours.

LA PRISE DE CONSCIENCE QU'IL S'AGIT D'UN CONDITIONNEMENT

Heureusement, cette dernière éventualité n'est pas l'issue principale.

La rencontre d'autres personnes (thérapeutes, amis, groupes de parole…) peut l'amener à une prise de conscience positive.

Tant qu'il continue à croire que son comportement, sa façon de ressentir la vie font partie de sa nature, qu'il est « comme ça », il n'y a pas d'issue possible.

Parfois, s'il applique certains conseils et modifie un peu son comportement, il peut connaître une forme d'amélioration qui peut lui redonner espoir, mais rien n'est résolu en profondeur.

La prise de conscience majeure a lieu lorsque, confrontant son comportement, ses réactions, avec celles des autres, il se rend compte qu'avec des histoires de vies proches, la majorité des gens ont développé les mêmes comportements.

Cette prise de conscience est capitale !

En effet, cela veut dire que ces comportements sont indépendants de la nature, de la qualité, de la personnalité profonde de ces personnes, et que ce ne sont que de « simples » conditionnements.

Alors tout espoir est permis, car il ne s'agit plus de transformer sa personnalité, mais de prendre de la distance par rapport à des conditionnements, de travailler à s'en libérer le plus possible.

Quand on en est là, on peut dire que le plus difficile est passé, car enfin tout peut changer

LA RECONSTRUCTION

C'est un long chemin qui requiert beaucoup d'attention, de vigilance, de constance.

Paraissant très étroit dans les premiers temps ce chemin s'élargit doucement, au fil des prises de conscience.

Ce qui motive principalement est d'une part la volonté de ne pas rester ni de retomber dans cet état d'existence floue, et d'autre part la conscience que chaque pas réalisé amène plus de liberté, plus de capacité à être soi, et en conséquence plus de possibilités d'aider les autres, de leur faire du bien, mais cette fois sur une base solide et vraie, condition essentielle de l'épanouissement et de l'amour véritable.

On peut certainement aborder cette étape de différentes manières mais je pense que l'angle des désirs et des besoins, qui sont si étouffés dans la codépendance, est un angle très efficace.

Parce qu'il est inévitable que des doutes s'installent souvent, il est essentiel d'être aidé par un thérapeute, un groupe de parole...

L'action, la maturation, va consister à se pénétrer en particulier des points suivants :

- prendre le temps de connaître, de ressentir ses désirs, ses besoins

- se familiariser avec eux

- prendre conscience qu'ils ont la même valeur que ceux des autres

- oser les dire, les affirmer

- oser les vivre

- oser être soi

- accepter que ces besoins, ces désirs puissent varier, changer, évoluer,

- donc accepter que ce qu'on appelle « soi » change, bouge, évolue.

Cela se fera peu à peu en essayant de comprendre les situations relationnelles gaies, qui rendent heureux, comme celles qui mettent mal à l'aise ou rendent malheureux.

Leur observation - sans jugement, c'est capital - permettra de mieux se comprendre, et d'y voir plus clair dans sa vie.

Les comportements deviendront mieux adaptés, plus libres des conditionnements.

Cela permettra de se reconstruire sur des bases solides.

CONCLUSION

Tout espoir est donc permis.
Encore une fois il n'y a aucune fatalité.
Cependant, parce que les vieilles habitudes, les vieux réflexes ont la vie dure, et qu'on n'est jamais libre à cent pour cent de la codépendance il ne faut jamais rien oublier du parcours effectué et rester vigilant pour entretenir cette liberté d'esprit si chèrement acquise. »

J'espère que vous voyez mieux pourquoi « être décideur de sa vie » était alors, pour moi, une notion peu familière.

Je me suis également intéressé à la psycho-généalogie. J'ai eu la chance de faire un stage passionnant avec Anne Ancelin Schutzemberger[1].

On y aborde un autre niveau de conditionnements inconscients : ceux que nos ancêtres nous ont transmis. Grâce cette expérience aussi j'acquis plus de liberté.

La psychanalyse est certainement ce qui m'a permis, lentement, mais sûrement et profondément, d'accueillir qui j'étais.

Certains ont parfois une vision hitchcockienne de cette discipline, vous savez : aller à la rencontre terrorisante du grand traumatisme brutal qui va tout expliquer. D'autres pensent que c'est une pratique

---

[1] Anne Ancelin Schutzemberger[1], auteur de *Aïe, mes aïeux*, éditions Desclée de Bouwer

bizarre où on est allongé pour parler tout seul. Ils se demandent donc pourquoi payer quelqu'un qui, pendant ce temps, pense probablement à autre chose.

Cela ne correspond pas à mon expérience. Au fil des séances, plusieurs par semaine pendant plusieurs années, en exprimant ce qui me venait avec la certitude que quelqu'un m'écoutait, en étant, rarement, mais toujours à bon escient, relancé par le thérapeute, j'ai pu avancer vers moi, m'apprivoiser ; me voir non pas comme je pensais être ou devoir être, mais comme j'étais avec ma vie telle qu'elle était, avec ses différentes facettes. Et sur plusieurs années beaucoup d'évènement se passent, de situations se présentent, de questionnements surgissent, d'émotions nous traversent, la vie évolue. Il y a matière à s'exprimer. Chaque fois que je sortais d'une séance, je me sentais plus léger qu'en arrivant.

Des expériences que je viens d'évoquer (les psychothérapies, le groupe de parole, la psycho-généalogie, la psychanalyse) c'est cette dernière qui eut pour moi l'effet le plus structurant. Le massage m'avait remis en moi-même, en particulier dans mon corps, la psychanalyse me remit également en moi-même mais, elle, plus particulièrement dans mon esprit.

Mais les démarches actives n'ont pas été seules à me procurer plus d'espace ; la vie m'a aussi réservé de belles surprises qui se transformèrent rapidement en enseignements capitaux.

Je me rends bien compte que mon enthousiasme pourrait passer pour de la fanfaronnade : « Regardez comme je suis malin ! », « Admirez comme je m'en sors ! » Mais je vous assure que ce n'est pas de la fanfaronnade, c'est juste de l'enthousiasme. N'oubliez pas ce que, peut-être comme vous, j'ai traversé auparavant. Cette mise en perspective vous aidera, je l'espère, à pardonner plus facilement mon enthousiasme, s'il arrivait qu'il vous agace.

Certaines découvertes ou connaissances nouvelles suscitent l'enthousiasme, la joie en nous, et ce n'est ni bien ni mal.

Alors voilà, je vais vous exposer deux situations qui m'ont fait avancer :

Je commence par celle que j'appelle « l'anesthésie qui réveille » :

C'était, encore, dans la période où j'étais sous pression, mais où j'avais commencé à m'ouvrir à des activités et à des connaissances nouvelles. Lors d'un examen de contrôle médical, comme on en réalise souvent vers cinquante ans, il m'a été fait une anesthésie générale. Jusque-là, la situation était banale. Mais le réveil m'a complètement surpris : je me trouvais dans un état d'apaisement intérieur que je n'avais jamais connu. Je m'étais endormi tendu, anxieux, mentalement recroquevillé, et je me réveillais dans une sorte de plénitude absolue.

Je suis conscient de deux faits : d'une part, que c'étaient les produits anesthésiques qui provoquaient artificiellement cet état, et d'autre part, qu'entre le moment où je m'étais endormi et celui où je m'étais réveillé, les circonstances de ma vie étaient identiques, rien n'avait changé.

Cela m'a amené à deux conclusions fondamentales pour moi : la première, qui s'est tout de suite transformée en conviction, c'était que cet état de plénitude, qu'avait provoqué l'anesthésie, était mon état naturel et qu'il devait être possible de le recontacter de façon non-artificielle. Que c'étaient mes tensions, mes soucis, mes préoccupations du moment qui me le faisaient paraître inaccessible. La seconde, était que cet état ne dépendait pas des circonstances de ma vie, qu'il était là, toujours présent. Ce qui me manquait était le chemin naturel (rassurez-vous, je n'en envisageais pas d'autre) pour le contacter.

J'intitule la seconde expérience « les regards qui révèlent ».

En 2006, à l'occasion d'un stage, je me suis retrouvé, pour une petite semaine, au milieu de quatre-vingts personnes que je ne connaissais pas du tout.

À ce moment, j'avais déjà beaucoup changé, mais j'avais l'impression que cela dérangeait mon entourage (notre entourage s'inquiète souvent de nos changements, c'est compréhensible), alors j'adaptais mon comportement en conséquence, pour ne pas trop détonner.

Mais là, avec des inconnus que j'appréciais, avec des personnes bienveillantes qui n'avaient aucun préjugé sur moi, je me suis senti tout à fait libre d'être naturel, spontané, d'agir comme je le ressentais. Alors, rapidement et à mon immense surprise, j'ai constaté que ces personnes me regardaient d'une façon que je ne connaissais pas ; ils voyaient en moi quelqu'un que personne jusqu'alors n'avait vu et qui était réellement moi, tel que j'étais à ce moment. Je me suis senti naturellement libre et épanoui. Cela a été une révélation.

Ce fut pour moi une expérience très forte, comme un adoubement par des pairs, comme si ces regards me disaient lorsque je les croisais : « tu es tel que tu es, et c'est chouette ! ». Je mets des mots simples pour ne pas en faire trop, mais vous avez, j'en suis persuadé, compris l'image (car ce n'est évidemment qu'une image).

Cela m'a conforté dans la conscience que le nouveau chemin sur lequel je m'étais engagé était réellement le mien, celui où je pourrai donner le meilleur de moi-même.

J'apprenais à voir le monde autrement.
Pourquoi cette formule de Prévert « …les choses cachées derrière les choses… » sortie de « Quai des brumes », s'est-elle incrustée en moi à tel point qu'elle

revient souvent dans ma mémoire ? Peut-être parce qu'elle exprime en quelques mots une pensée que j'ai depuis toujours : qu'il y avait l'apparence, et qu'il ne fallait pas s'y arrêter mais, au contraire, chercher plus avant si on désirait s'approcher de leur réalité. Cette formule me revient au moment d'écrire la suite.

Je viens de partager avec vous certaines approches qui m'ont permis de rétablir une plus saine relation à moi-même. Mais il fallait aussi que je chemine dans ma compréhension du monde. Il était crucial que j'établisse avec lui une meilleure relation. Des découvertes essentielles m'y ont aidé ; pour vous expliquer comment, je vais vous parler maintenant du massage, de certains livres, et du Tao

Le massage

Je vous ai déjà parlé du massage. Néanmoins j'y reviens un instant pour souligner de quelle façon il a modifié ma vision du monde.

Avant de pratiquer le massage j'étais, comme beaucoup je pense, convaincu que lors des échanges entre personnes, seul existait ce qui était immédiatement perceptible par les sens. Par exemple les mots que nous prononçons, les arguments si nous discutons, ou, sur un autre plan, notre attitude et notre comportement : un sourire, un regard furieux ou inquiet, le fait de se tenir droit ou avachi… J'imaginais alors que ces éléments représentaient la totalité de ce que nous pouvions échanger, volontairement ou non, pour communiquer les uns avec les autres.

Le massage m'a fait comprendre que cette « totalité » n'était qu'un infime partie de cette communication, et qu'une main posée avec conscience sur le corps de l'autre disait bien plus de nous-même et que cela nous échappait, que ce n'était pas le fruit de notre volonté mais plutôt celui de notre réalité profonde. Une fleur ne décide pas d'avoir un parfum délicat, elle est fleur et elle a ce parfum, c'est naturel, spontané. Avec le contact de la main il se passait un phénomène de cet ordre : naturel et spontané.

Grâce au massage, j'ai donc découvert ce continent inconnu, cette capacité que nous avons et ignorons si souvent de transmettre le meilleur de nous-mêmes, sans faire appel aux mots et aux attitudes mais, simplement, en étant une vraie présence.

J'ai développé plus tard cette notion dans mes vidéos en parlant du « rayonnement personnel ».

Le massage m'a donc fait réaliser que la réalité n'était pas telle que je le pensais.

Certains livres

Les faits apparemment les plus anodins ont parfois des retentissements dans notre vie. Ce fut le cas de cette émission de Marc Menant sur Europe 1, écoutée par hasard en faisant autre chose ; c'était autour de l'an 2000. L'invité en était Alexandro Jodorowsky. Il présentait son livre *Le Théâtre de la guérison*.[2] J'ai lu ce récit ; il m'a ouvert des horizons étonnants.

Je croyais jusqu'alors que notre inconscient était une sorte de masse obscure, emplie de traumatismes enfouis, dont la principale fonction était, au mieux, de nous rendre la vie compliquée, au pire, de nous la rendre impossible ; je pensais que la psychanalyse permettait éventuellement d'éclaircir un peu cette obscurité, mais rien de plus.

L'auteur avait une approche très différente : il expliquait que, grâce à des actes symboliques, il était possible de communiquer avec notre inconscient puisque ces actes parlaient son langage et, qu'ainsi, il était possible de l'influencer. Cette idée m'a évidemment surpris, mais compte tenu des nombreux exemples vécus que l'auteur donnait je trouvais qu'elle avait sa légitimité. J'ai d'ailleurs retrouvé des démarches voisines dans d'autres approches thérapeutiques, par exemple avec les constellations familiales[3], les jeux de rôle, ou les psychodrames.

J'ai personnellement réalisé deux actes de ce genre et cela m'a aidé. Je vous engage, néanmoins, à ne pas pratiquer cette approche de façon sauvage, c'est-à-dire

---

[2] *Le Théâtre de la guérison*, de Alexandro Jodorowsky, ed. Albin Michel

[3] La méthode des constellations familiales et systémiques est une méthode de thérapie familiale transgénérationnelle développée dans les années 1990 par Bert Hellinger, basée sur la mise au jour de l'inconscient familial par le biais de jeux de rôles et de psychodrames

sans un accompagnement bien expérimenté. Ne jouez pas aux apprentis sorciers.

Il expliquait également que lorsqu'on était solidement installé dans une « décision juste » de réaliser un projet (pour simplifier : que notre conscient et notre inconscient étaient alignés, en harmonie pour que notre désir se réalise) alors tout, à l'extérieur de nous, paraissait y concourir. Une sorte de magie semblait se mettre en œuvre pour cela.

J'ai encore vécu récemment une telle expérience :

Je voulais aborder avec Michèle un sujet extrêmement délicat, car il était très sensible pour elle comme pour moi. Nous n'en avions jamais parlé et je ne savais pas comment l'aborder ; je craignais fort qu'elle n'ait une réaction de rejet. Pourtant, ce jour-là j'avais les idées très claires sur le sujet, il fallait que j'en parle et j'étais prêt à en assumer toutes les conséquences.

Quelle n'a pas été ma surprise lorsque, avant même que je n'ouvre la bouche, je lui ai entendu dire : « Dis-donc, ce sujet, on n'en a jamais parlé, comment cela se fait-il ? ». Sans que je n'agisse en aucune manière, sans que rien ne le laisse prévoir, Michèle m'aidait à en parler.

On pourrait effectivement penser à de la magie. Jung[4] évoquerait plutôt les synchronicités[5]. Les inconscients se parlent à notre insu.

Le Théâtre de la guérison m'apportait de nouvelles façons d'envisager la vie et le rapport à soi et aux autres. Le monde n'était pas aussi rigide que je l'avais cru. Il y avait des espaces de liberté que je ne connaissais pas jusqu'alors.

Alexandro Jodorowsky évoquait aussi le rêve lucide ; c'était la première fois que j'en entendais parler et je fus fort intrigué. C'est mon désir d'en savoir plus sur ce sujet qui, plusieurs années plus tard, me fera découvrir Tenzin Wangyal Rinpoché dont je vous parlerai un peu plus loin. Vous voyez comme les évènements peuvent s'enchaîner naturellement.

Quelques temps plus tard, j'ai retenu un enseignement essentiel d'un livre très simple *Les Dix secrets du bonheur*[6] : l'important lorsqu'un évènement arrive est la façon dont on le fait retentir en soi. J'ai donc commencé à travailler dans ce sens, à

---

[4] Carl Gustav Jung élève de Freud, dont il se sépara par la suite, fondateur de la psychologie analytique. On lui doit, entre autres, les concepts d'« inconscient collectif », d'« archétypes », de « complexe », et de « synchronicité »

[5] La synchronicité est l'occurrence simultanée d'au moins deux événements qui ne présentent pas de lien de causalité, mais dont l'association prend un sens pour la personne qui les perçoit.

[6] *Les dix secrets du* bonheur de Adam J. Jackson, ed. Vivez Soleil

expérimenter cela lorsqu'il m'arrivait un gros problème et j'ai instantanément perçu la justesse de cette idée. Je pense que cela m'a incité à commencer ma réflexion sur la gestion des émotions. Nous ne pouvons pas agir sur ce que les autres font ou ne font pas, en revanche nous pouvons agir sur la façon dont nous ressentons les évènements[7].

Le Tao

Le Tao a été une révélation extraordinaire.

J'avais, allez savoir pourquoi, acheté le livre de Mantak Chia *Le Couple multi-orgasmique*[8]. Quel programme ! À ce moment-là, j'avais déjà fait un certain parcours dans le Reiki et les notions d'énergie, de chi ou de ki m'étaient devenues très familières. Le propos de ce livre est d'expliquer comment il est possible de transformer l'énergie sexuelle en énergie vitale, en soi, et au sein du couple. Ces pratiques possèdent les mêmes racines que la médecine chinoise, le Chi Kung ou le Taï Chi.

En dehors du plaisir supplémentaire considérable que ces enseignements m'ont permis de connaître, ils ont changé ma vision sur bien des points.

En particulier en me démontrant que l'apparence, ce que l'on prend pour évident, ne correspond pas

---

[7] Voir les vidéos : *Je Fais un pas pour l'Humanité* et le livre : *Il a changé !* sur le site Internet www.mesnil.com.

[8] *Le Couple multi-orgasmique* de Mantak Chia et Maneewan Chia, ed. Trédaniel

toujours à la réalité. Mais on ne le sait pas. L'évidence, pour un homme est que, lorsqu'il a un orgasme, il a une éjaculation. À tel point que l'on pourrait facilement intervertir les termes, chacun comprendrait. Pourtant, ces enseignements et mon expérience m'ont prouvé, et avec quelle force, qu'il n'en était rien, que ces deux faits étaient distincts.

À partir de cette expérience particulière très marquante, j'ai tiré un enseignement plus général majeur : la réalité peut être très différente de l'évidence. Ce n'était pas de la théorie ; je le constatais, directement. Cette prise de conscience profonde m'a permis d'être beaucoup plus ouvert à de nouveaux domaines.

Le Tao a aussi changé ma relation à mon corps. Je vous l'ai dit, j'ai toujours considéré le corps comme une réalité bénéfique. Pourtant, j'étais loin des approches taoïstes, où l'on va jusqu'à faire des méditations, comme « le sourire intérieur », sur un organe, puis sur un autre, où on va jusqu'à remercier ses organes pour les immenses services qu'ils nous rendent ; toutes ces pratiques installent une relation infiniment plus riche avec notre corps.

Le Tao établit également une relation très profonde entre le corps et les planètes, les étoiles, entre le microcosme et le macrocosme. Tout est lié, interdépendant, l'énergie circule partout, en soi, autour de soi, dans l'univers…

Il n'était pas question de spiritualité, pourtant j'avançais.

Le Tao m'a, avec ses approches souvent très concrètes, ouvert les yeux sur la richesse de ce que nous sommes, de ce qui nous entoure, de ce dans quoi nous baignons, en rendant toutes choses (mêmes les plus lointaines et les plus incroyables) proches et familières. L'univers n'était plus si lointain. Rien n'était plus si lointain.

C'est seulement en écrivant ces lignes que je me rends compte que, progressivement, pierre après pierre, une construction s'élaborait à mon insu.

Notez bien que je ne vous fais part ici que des évènements les plus significatifs pour notre sujet, ceux qui insensiblement vont m'amener vers plus de spiritualité. Je ne raconte pas toute ma vie dans le détail. Je ne vous cite pas toutes mes lectures, ni ne vous décris toutes mes rencontres. Bien évidemment, comme vous, je vivais aussi beaucoup d'autres expériences, dans des domaines forts différents.

Je profite de cet aparté pour répondre à une question que certains d'entre vous se posent probablement : « Pourquoi ne parle-t-il pas plus de ceux qui l'entourent ? ». C'est une question juste car nous ne sommes rien sans les autres et je dois tant à mon entourage ! Je suis plein de gratitude envers celles et ceux qui ont partagé ou partagent une partie de ma vie. Qu'ils sachent que je garde cela comme un trésor au plus profond de moi. J'ai décidé ici de ne citer personne car tout ce qu'ils m'ont apporté fait partie de leur vie privée et de la mienne, et lorsque je cite des prénoms pour donner un peu plus de présence à tel ou tel, ce ne sont bien sûr pas les véritables prénoms. Je m'expose ici beaucoup, aussi je prends garde à n'impliquer personne d'autre que moi.

J'en reviens maintenant à mon récit : rétrospectivement, ce que je vivais alors et qui pouvait paraître dispersé, partir dans tous les azimuts, dont l'accumulation vous a peut-être désorienté, tout cela avait un sens, vous le comprendrez par la suite, comme je l'ai fait moi-même. En vous exposant ce patchwork d'expériences, je souhaite vous faire partager la situation dans laquelle j'étais : je découvrais quantité de choses que je devinais essentielles, sans pouvoir encore du tout les intégrer dans une vision générale. À ce moment-là, j'étais entraîné par un élan qui me dépassait, j'accumulais certaines expériences et celles-ci éclairaient chaque fois mieux mon chemin.

Mais quel était ce chemin ?

Chapitre 7
Début de la nouvelle quête spirituelle

Dans mon enfance, je vous l'ai dit, je réalisais certaines pratiques spirituelles et je vivais une certaine forme de spiritualité. L'adolescence d'abord, puis les difficultés de la vie, m'avaient ensuite amené à prendre des distances avec la religion : par exemple je ne me confessais plus et n'allais à la messe que lors d'évènements particuliers, comme les mariages par exemple. Pourtant, le lien n'était pas rompu. C'est ainsi que, lorsque je participais à une messe, je communiais. Parfois aussi j'allais me recueillir dans une église, et je ne pense pas avoir jamais remis en cause l'existence de Dieu.

Néanmoins, j'avais le sentiment, sur ce sujet, d'être perdu « en rase campagne » : bien que continuant à respecter certains aspects majeurs de la religion, je m'en étais éloigné, mais pour autant, je n'étais arrivé nulle part. J'avais le sentiment que mon parcours était inachevé, et qu'il était possible de mieux comprendre, que je pouvais encore grandir et que je pourrais, peut-être, m'approcher davantage de ce qui est plus grand que nous.

Vaste ambition, car, une fois qu'on a dit cela, on n'est pas plus avancé. Comment procéder ?

J'avais besoin d'éclaircissements. Quelques années plus tôt, mon intérêt pour le Bouddhisme s'était éveillé à partir de la lecture du livre de Thich Nhat Hanh : *Bouddha et Jésus sont des frères*[9]. C'était ma première lecture sur le Bouddhisme et un merveilleux point de départ qui me correspondait fort bien. Je n'avais, en effet, aucune envie de renier ma religion d'origine mais, espérant avancer, j'étais curieux de m'enrichir de concepts différents. J'avoue pourtant que, si j'avais bien saisi l'idée formulée par le titre, le sens du livre m'avait échappé, en partie parce que je n'avais pas du tout compris à quoi les métaphores utilisées faisaient allusion, elles qui parlaient par exemple des hommes, des vagues, et de l'océan.

Cette lecture ne m'apportait aucune réponse, en revanche une foule de questions nouvelles surgissaient ! Par exemple : à quoi sert la méditation ? Comment la pratiquer ? Un Saint dans la religion

---

[9] *Bouddha et Jésus sont des frères* de Thich Nhat Han. Editions Pocket

catholique est-il ce que les Bouddhistes appellent un être éveillé ? En quoi les idées et descriptions différentes des deux religions ou philosophies se complètent-elles ? À quel moment le sens profond est-il le même ? D'ailleurs, est-il le même ? J'avais soif d'en savoir plus.

Bokar Rinpoché, avec son livre *Un Cœur sans limites*[10], m'a conforté dans ma conviction profonde que les grands enseignements ne pouvaient que se rejoindre.

Dans le Christianisme, on évoque constamment l'amour : c'est ce qui me touche le plus, et cela me paraît être le fondement même de la religion. J'étais donc quelque peu dérouté en constatant que le Bouddhisme en parlait infiniment moins. Je rencontrais, beaucoup plus souvent, des concepts qui m'étaient complètement hermétiques et me laissaient perplexe, comme la vacuité ou la nature de l'esprit…

C'est pour cette raison qu'*Un Cœur sans limite* a suscité ma curiosité lorsque je l'ai découvert dans les rayons d'une librairie : voilà un Bouddhiste qui s'exprimait sur l'amour.

J'ai lu ce livre avec bonheur. Il m'a conforté dans ma conviction d'unicité de ce qui est essentiel, même s'il existe de nombreuses façons d'aborder ces domaines. Il n'y a pas contradiction mais

---

[10] *Un Cœur sans limites* de Bokar Rinpoché, éditions Claire Lumière

enrichissement. Cela m'a grandement rassuré sur le bien-fondé de ma recherche : j'avais raison d'aller dans cette direction, je ne trahissais pas mes convictions profondes.

Il m'a aussi magistralement démontré qu'il est possible de s'exprimer sur l'essentiel d'une façon qui, pour être simple, n'était pas simpliste mais, bien au contraire, très subtile, tout en étant compréhensible par tous. Il y avait une harmonie entre le fond qui était lumineux, et la manière de le présenter qui était si claire, qu'elle me faisait ressentir l'amour et la douceur de celui qui s'exprimait.

Comme on était loin de certains auteurs de qualité qui me perdent néanmoins parce qu'ils semblent vouloir, pour dire une phrase, rendre hommage à tous les penseurs qui les ont précédés depuis la nuit des temps.

Je voyais aussi, dans mes nombreuses lectures, qu'il était très souvent question d'Éveil. Quel était donc cet état mystérieux ?

Je retenais que c'était un état de libération et de réalisation totales. Cela se situait au-delà de ce que nous appelons le bonheur, ou alors c'était comme un bonheur accompli. Je lisais que l'être éveillé voyait la vie complètement différemment. Pour les Bouddhistes, l'éveil libère l'être du cycle des vies et des morts (le samsara) dans lequel nous sommes tous enfermés. Pour eux l'être éveillé n'a plus à renaître puisqu'il passe dans un autre état. Cependant certains êtres éveillés choisissent, alors qu'ils n'y sont plus contraints, de se réincarner afin d'aider les autres.

Les textes disaient que, pour être libérés de la souffrance, nous devrions tous aspirer à l'Éveil. Ils disaient aussi qu'il y avait des pratiques qui permettaient de cheminer vers lui, mais qu'il fallait vivre de très nombreuses vies avant d'espérer l'atteindre.

J'imaginais que les Saints du Christianisme avaient atteint ce niveau de réalisation. La différence que je voyais entre ce que je comprenais du Christianisme et ce que je comprenais du Bouddhisme, en dehors de la croyance en la réincarnation, était que, dans le Christianisme, les Saints étaient des êtres possédant des qualités si exceptionnelles qu'il n'était pas question de penser s'approcher de tels modèles, sauf à être né Saint, alors que dans le Bouddhisme il semblait que tout être était appelé à s'éveiller et que, même s'il était très long et exigeant, un chemin existait pour y parvenir. Pour schématiser, dans le premier cas, je comprenais que pour être parfait il fallait déjà être parfait et, dans le second, que chacun ayant en soi cette perfection, il fallait « juste » lever les obstacles à sa réalisation. D'un côté, c'était inaccessible et de l'autre, eh bien, tout imparfait que j'étais, je pouvais toujours faire un petit bout de chemin et tenter de lever quelques obstacles. Pourquoi pas ?

J'étais donc partant. Mais comment procéder ?

J'ai beaucoup lu, j'ai rencontré des lamas, mais rien dans ce que j'ai lu, entendu ou vu à ce moment-là, ne me traça un chemin clair. D'une part parce que je ne comprenais pas certains enseignements, n'ayant pas suffisamment de connaissances pour les appréhender, et d'autre part parce que j'avais souvent l'impression de ne recevoir que des informations partielles.

Il est vrai que je cherchais des réponses trop simples, alors que tout est en subtilité : il m'a, par exemple, fallu encore des années pour comprendre que s'il était bon et juste de souhaiter l'Éveil, le fait de <u>vouloir</u> l'atteindre constitue un obstacle. La volonté ici nous égare forcément. De telles notions sont difficiles à appréhender pour un esprit occidental qui pense sincèrement que « avoir de la volonté, c'est bien ».

En dépit de ces difficultés, j'ai poursuivi mes recherches sans désespérer, en même temps que je me familiarisais avec la méditation.

Peut-être vous dites-vous : « Oui, c'est bon maintenant, tout roule pour lui dans le bon sens, il n'a qu'à suivre son désir d'en connaître plus. Donc, il doit être très content. »

Je l'étais, c'est vrai, mais il y avait une ombre au tableau, et cette ombre s'appelait solitude.

Oh, je n'étais pas seul dans ma vie, j'étais au contraire très entouré, très aimé même. Ce n'est pas de cette solitude-là dont je parle, mais de ce que j'appellerais une solitude spirituelle.

Voyez-vous, j'étais dans une quête à mes yeux essentielle mais que personne ne semblait comprendre. Dans mon entourage, chacun était positionné, avec toutes les nuances possibles, pour ou contre les grand courants religieux ou spirituels connus ; cependant personne ne semblait en recherche. Je ne pouvais donc pas parler de ce qui me tenait à cœur, de mes questionnements, de mes embryons de réponses, de mes intuitions. Et puis il faut bien avouer que tout cela était encore en friche en moi. Rien n'y était clair, par conséquent je n'arrivais pas à communiquer ce qui m'habitait. Je me sentais donc très seul dans ma démarche. Aux yeux de mes proches j'avais l'impression de passer pour un gentil original, quelqu'un d'assez inoffensif mais qui se posait, quand même, d'étranges questions.

Vous me direz que je pouvais me tourner vers des prêtres ou des lamas pour demander des explications. J'ai essayé, mais j'ai vite compris que chacun avait des réponses uniquement propres à sa philosophie ; et puis aussi, comme je l'ai dit plus haut, j'avais le sentiment de ne recevoir que des réponses partielles à mes si grandes questions.

Pourquoi ne pas m'être davantage rapproché de personnes qui, comme moi, étaient dans une quête spirituelle ? vous demandez-vous certainement. Je l'ai fait, à de nombreuses reprises, et chaque fois avec beaucoup de joie, car j'avais alors la sensation de pouvoir partager, la sensation qu'on allait pouvoir s'apporter mutuellement, s'enrichir les uns les autres.

Cela a parfois été le cas. Malheureusement, il y avait toujours un moment où une voix en moi me disait : « non, ce n'est pas ton chemin ». Comprenez-moi bien : j'aimais beaucoup ces personnes et je respectais leurs façons de voir et d'être, mais lorsqu'on creusait davantage les idées, je voyais toujours les choses différemment et je devais alors prendre quelques distances. J'avais ensuite d'autant plus le sentiment d'être seul que, pendant un temps, j'avais espéré ne plus l'être.

Il y a eu des périodes où ma quête était lourde à porter et où j'aurais vraiment pu avoir envie d'abandonner cette recherche, de cesser de me préoccuper de questions auxquelles, quoi que je fasse semblait-il, je ne trouverais jamais les réponses.

Pourtant je ne pouvais pas ne pas chercher, c'était fondamental pour moi. Alors, tenant compte du scepticisme et de l'incompréhension qui m'entouraient, j'ai continué ma quête, mais en prenant garde d'en parler moins, si ce n'est plus du tout. J'y faisais parfois certaines allusions, mais c'est bien la première fois, avec ce livre, que je la dévoile réellement.

C'est en repensant à ces difficultés que, plusieurs années plus tard, j'ai écrit ce texte[11] :

"Très souvent, dans ta quête de l'Absolu, tu auras à affronter un terrible sentiment de solitude. C'est inhérent à la quête.

Peu de personnes sont dans une telle quête, c'est comme cela.

Dès le départ, le simple fait de songer à cette quête est déjà singulier.

Lorsque tu en parleras tu seras donc rarement compris.

Et lorsque te viendront des compréhensions nouvelles, des évolutions majeures, tu pourras rarement les évoquer.

Tu seras tenté de te dire que, pour sortir de cette solitude, tu devrais aider les autres.

Ce ne serait évidemment pas une motivation juste.

Et lorsque que des questions importantes te viendront, tu auras rarement quelqu'un avec qui échanger.

Tu pourrais te dire : "Je vais m'unir avec d'autres personnes qui sont dans la même démarche."

Mais là aussi souvent tu constateras que chacun part d'un point différent et que de ce fait les chemins, les rythmes, ne sont pas les mêmes.

Quand tu fais de belles rencontres, apprécie-les et nourris-t-en ; donne toi-même, ce que tu peux donner, mais ne développe ni attentes, ni attachement.

---

[11] Voir *Contes Initiatiques de la Forêt de Brocéliande* sur le site Internet www.mesnil.com.

Le sentiment de solitude est une dure épreuve du chemin. Il te faudra apprendre à dépasser ce sentiment tout en développant une ouverture de plus en plus grande aux autres.

C'est une épreuve difficile, mais il semble que toutes les personnes dans la quête doivent y faire face.

"...toutes les personnes dans la quête doivent y faire face..." c'est donc qu'à un certain niveau de conscience, qui n'est pas celui de la conscience ordinaire, tu ne seras pas du tout seul.

D'autres, comme toi, ont traversé, traversent, traverseront, ces mêmes épreuves.

C'est une épreuve longue. Parfois tu penseras qu'elle est derrière toi et puis un événement la ramènera à toi.

Et c'est bien une épreuve initiatique, qui n'est réussie que si dans ton cœur tu te sens de plus en plus proche des autres, que si la tolérance, l'amour et la compassion se développent en toi.

Là, tu seras vraiment en train de grandir."

Je poursuivais ma quête spirituelle, pourtant je n'avais pas le moindre indice pour m'indiquer comment approcher de ce qui est plus grand que nous.

J'avais quand même certaines réponses en vrac, vous savez, celles que nous trouvons au hasard de nos lectures ou des discours que nous entendons ; mais elles me menaient à autant d'impasses, car je n'en comprenais pas le sens. Que pouvait-il donc y avoir derrière des expressions comme : « ni bien, ni mal », « illusions », « ego », « vacuité » … ?

Il me manquait des clefs de compréhension essentielles.

C'est alors que j'achetai « par hasard » le livre d'Osho : *Tantra suprême sagesse*[12].

Dans ce livre, Osho commente avec pertinence et humour le « Chant du Mahamoudra ». Ce chant décrit les pratiques authentiques qui produisent l'illumination pour le bien de tous, pratiques que Tilopa enseigna à Naropa autour de l'an mille de notre ère.

Quelle rencontre ! Je fus comblé par ce livre. De nombreux mots, de nombreux concepts étranges sur lesquels je m'interrogeais, se trouvaient clairement expliqués. Je compris, par exemple, ce qu'était l'ego, ou ce qui était entendu par « être simple et naturel », et bien d'autres notions. Beaucoup de mes intuitions se trouvaient confirmées.

Peut-être plus étonnant encore, des expériences méditatives que j'avais vécues se trouvaient expliquées : par exemple il m'arrivait, en pleine méditation, d'être emporté par l'énergie, tout mon corps se mettait à vibrer comme une feuille secouée par le vent. Cela durait quelques minutes, puis s'apaisait. J'aurais vraiment pu en être effrayé, mais ce n'était pas le cas ; je prenais cela comme un phénomène naturel et ne m'en inquiétais pas. Pourtant je ne pouvais en parler à personne et n'avais jamais vu, ou lu, quoi que ce soit qui aurait pu m'expliquer ce qui se passait. Alors, quand j'ai réalisé que Osho décrivait

---

[12] *Tantra Suprême sagesse* de Osho, éditions Ronan Deniel

à sa façon un phénomène analogue, je me suis dit « Voilà, c'est cela ! ». Je le vivais et c'était décrit. Il s'agit d'un phénomène énergétique naturel qui se produit lorsque, les canaux et les centres énergétiques d'une personne étant « ouverts », l'énergie (chi, ki, prana, lung…) y circule en grande quantité, alors le corps peut se mettre à vibrer et même à être fortement secoué.

J'eus, plus tard, l'occasion de suivre un stage de Kunlun qui portait exclusivement sur ce sujet. Si vous voulez en savoir plus, lisez : *Kunlun, pratiques oubliées de l'éveil de soi*[13].

Mais ceci n'est qu'anecdotique en comparaison du fait que d'un coup, grâce à *Tantra suprême sagesse*, beaucoup de mes précédentes recherches se trouvaient éclairées. Et par quelle lumière ! Tout ce qui mûrissait en moi, tout ce que je pouvais comprendre et comprenais, faisait partie du chemin de libération chanté par Tilopa à Naropa mille ans plus tôt ! On dit que lorsque l'élève est prêt, le maître arrive. Osho dit aussi que parfois le maître se déverse dans l'élève. Je ne sais si c'est ce qui s'est passé, et puis ce n'est pas important car ce ne sont que des images, mais je ressentais une telle harmonie entre ce qui m'habitait et ce que je lisais, que j'ai intégré de nombreux enseignements de ce livre comme si, effectivement, ils se déversaient en moi. Cela a été une expérience très

---

[13] *Kunlun, pratiques oubliées de l'éveil de soi* de Max Christensen, éditions Guy Trédaniel

surprenante : je n'ai pas eu à comprendre ces enseignements de façon intellectuelle, je n'ai pas eu le moins du monde à les retenir, ce ne m'a pas été nécessaire ; beaucoup ont résonné en moi et sont devenus miens à mon insu. Vous pouvez en retrouver de nombreux échos dans mes livres.

Evidemment, cela ne s'est pas fait par hasard, toutes mes recherches, mes questionnements, mes expériences précédentes m'avaient préparé. Sans cela, je serais, j'en suis sûr, passé à côté de l'intérêt de ce livre.

C'est pour cela que je suis persuadé que, lorsqu'un domaine nous passionne, il faut approfondir et approfondir encore, s'y immerger de la même façon qu'on le fait pour mieux apprendre une langue étrangère : on s'immerge dans le pays, dans la langue, et progressivement tout prend sens. C'est ce qui s'est passé ici.

Parallèlement à cela, je commençais mes travaux personnels d'écriture, d'abord, début 2009, avec *Du Bonheur dans le cœur* où je développais comment il était possible de devenir observateur de soi-même. Osho préconisait de devenir observateur sans jugement de soi-même mais je n'avais trouvé ni dans ses écrits, ni dans d'autres livres, d'explications ni de conseils pratiques sur la façon dont il était possible d'y parvenir. J'y ai donc longuement réfléchi et j'ai expérimenté des pratiques d'observation de soi et de non-jugement que je créais, puis j'ai livré le fruit de ce travail dans *Du Bonheur dans le cœur[14]*. Plus tard, j'ai intégré ces pratiques dans une approche plus large de gestion des émotions[15].

Je lisais alors énormément de livres que j'appellerais de Sagesse : Bouddhiste, Chrétienne, Grecque… et tout cela mûrissait en moi.

Un an après mon premier livre, j'eus envie de restituer ce que j'avais intégré, mais je ne savais quel axe de présentation privilégier. C'est à la fois la lecture du *Tao tö king[16]*, qui me montra que l'essentiel pouvait être dit avec fort peu de phrases, et un séjour à Brocéliande, où j'ai baigné dans les légendes et où de nombreux textes me vinrent, qui me donnèrent l'idée d'écrire sous forme de contes courts. Cela a donné naissance à *Contes Initiatiques de la Forêt de Brocéliande*. Ecrire est un vrai bonheur lorsque l'inspiration nous emporte. Je ne peux d'ailleurs écrire autrement.

Voici un extrait de ces contes :

"D'orient comme d'occident, les doigts des Sages et des Saints pointent dans la même direction, celle de l'Absolu.
Et ces doigts pointent vers toi.

---

[14] Voir *Du Bonheur dans le cœur* sur le site Internet www.mesnil.com.

[15] Voir les vidéos : *Je Fais un pas pour l'Humanité* et le livre : *Il a changé !* sur le site Internet www.mesnil.com.

[16] *Tao-tö king* de Lao Tseu, éditions Folio

Où veux-tu chercher Dieu, l'Eveil, la Vacuité, le Tao ? Où ?

Dans quel pays, sur quelle planète, dans quelle époque ?

Il n'y a pas de lieu, il n'y a pas de temps.

Cherche en toi maintenant.

Chercher en soi, ce n'est pas fouiller, c'est s'ouvrir à soi.

Les mots, les pensées, les conditionnements, les émotions, tout ce que tu crois être toi te cache à toi même.

Plus tu apprendras à te libérer de la gangue de l'ego, de l'image de toi, et plus proche tu seras de l'Absolu.

Rien ne te sépare de Dieu, de l'Eveil, de la Vacuité, du Tao, que toi-même.

Ils sont là, en tout temps, en tous lieux, en toi comme en toutes choses.

Change ta disposition d'esprit et ta nature profonde t'apparaîtra."

Voyez-vous, je sais ne pas dire des choses originales, d'autres les ont dites ou les disent également. Mon désir en écrivant avec ma sensibilité, mes mots simples, mes éclairages particuliers, est d'être comme un trait d'union (je choisis ce terme en conscience) entre vous qui me lisez, ou regardez mes vidéos, et les grands enseignements spirituels ou de sagesse. Je souhaite que ce que vous découvrez, peut-être avec moi, vous donne l'envie d'aller plus loin, ou vous permette de comprendre plus facilement ce qu'expriment tel ou tel auteur ou enseignant. Je pense en effet, et mon parcours l'atteste, que nous avons besoin de différents éclairages, de différentes explications, pour saisir et faire nôtres ces enseignements si subtils. Voilà exactement où je me situe.

Chapitre 8
Ouvrez votre cœur

Jusqu'à présent, vous m'avez accompagné dans ma recherche, mes pérégrinations, mon histoire. Il me faut vous avertir que, désormais, vous allez entrer progressivement dans la présentation des idées auxquelles ce qui précède, et ce qui se passe dans ce chapitre, m'ont amené. Vous serez peut-être perturbé, car je vais me référer à des textes ou des pensées d'origines et d'époques extrêmement différentes. Je passerai de l'Évangile à des enseignements tibétains, je parlerai aussi de Sainte Thérèse d'Avila, dans d'autres chapitres vous rencontrez Saint Augustin, Spinoza et Maître Eckart.

Si vous pensez et jugez de façon académique, vous considérerez que je suis bien léger de réunir toutes ces personnes illustres, tous ces enseignements précieux.

Vous crierez à l'hérésie intellectuelle. J'espère pourtant, mes très chers amis, qu'étant maintenant prévenus, vous n'irez pas jusque là.

Je vous engage plutôt à observer un instant votre esprit. Si vous le faites, vous vous apercevrez que la construction de vos pensées et de vos opinions proviennt de multiples sources. Que ces sources datent de plusieurs millénaires où de quelques heures, leurs eaux sont vivantes en vous aujourd'hui ; elles existent en vous au présent.

C'est ce qui se passe pour moi et c'est pourquoi je passe allègrement et sans vergogne aucune de la citation d'une source à la citation d'une autre.

A cela s'ajoute le fait qu'au terme de ma démarche je ressens profondément l'Unité qui réside en tout. Pour moi, en moi, l'eau de ces sources alimente une seule philosophie car au niveau de la Sagesse, c'est-à-dire de ce qu'il y a de plus profond, les enseignements se rejoignent. Ce qui change ce sont les métaphores utilisées, la façon de présenter les explications, car cela dépend de l'époque et de la culture au sein desquelles ces enseignements ont été donnés ; mais, au plus profond, l'Unité est là, l'Essentiel est le même. Peut-être pourrez vous mieux saisir pourquoi je pense cela dans un autre chapitre, lorsque je parlerai de conscience universelle.

Alors maintenant, intentionnellement pardonnez-le moi, je vais vous bousculer un peu, vous donner un peu le tournis, avec l'envie, après vous avoir conté mes recherches, de vous pousser à entrer dans mon monde intérieur, un monde où les enseignements se rejoignent, où les plus Grands de tous lieux et de toutes époques semblent dialoguer les uns avec les autres… Venez et soyez les bienvenus !

*

Je reprends mon récit : je comprenais alors beaucoup d'éléments nouveaux qui m'aidaient dans ma vie et dans mes relations aux autres, mais un seuil restait encore infranchissable, comme si une connexion, ou une re-connexion, avec l'essentiel m'était impossible. Comme si l'essentiel restait extérieur à moi. Cela transparaît dans mes conceptions de l'époque :

Questionnements sur Dieu, l'amour et les hommes.

En 2010, j'ai écrit *Osons aimer*[17] interpellé par ce passage de l'Évangile selon Saint Matthieu ch 22 :

« Un docteur de la Loi posa une question à Jésus pour le mettre à l'épreuve : « Maître, dans la Loi, quel est le plus grand commandement ? » Jésus lui répondit : « Tu aimeras le Seigneur ton Dieu de tout ton cœur, de toute ton âme et de tout ton esprit.

---

[17] Voir *Osons aimer* sur le site Internet www.mesnil.com.

Voilà le grand, le premier commandement. Et voici le second qui lui est semblable : Tu aimeras ton prochain comme toi-même. Tout ce qu'il y a dans l'Écriture, dans la Loi, et les prophètes, dépend de ces deux commandements. »

Une interrogation et une réflexion m'étaient alors venues à l'esprit :

Voici la première : depuis au moins deux mille ans, si nous prenons comme référence Jésus, nous savons que l'amour (de soi, de son prochain, de Dieu) est la voie de réalisation, la voie vers le bonheur de l'Humanité. Ce n'est pas un message récent. Alors pourquoi, depuis tout ce temps, n'arrivons-nous pas à être davantage dans l'amour ? C'est pour tenter de répondre à ce questionnement mais aussi pour conclure que nous pouvons, si nous le voulons, vivre réellement dans l'amour que j'ai écrit *Osons aimer*.

J'ai gardé la réflexion pour moi jusqu'à ce jour. Je vous la livre : il est dit dans l'Évangile que Dieu est amour, et, pour Jésus, les plus grands commandements concernent l'amour que l'être humain peut donner. J'ai donc pensé que l'amour était le point de jonction entre Dieu et les êtres humains.

Cette dernière pensée est bonne en ce qu'elle diminue la distance, qui était alors dans mon esprit incommensurable, entre Dieu et les êtres humains : un point de contact existait.

Pourtant elle ne me convient plus complètement aujourd'hui, car elle suggère l'idée d'un Dieu extérieur à notre essence. Elle installe une dualité où Dieu serait ici et les êtres humains (ou vivants, ou sensibles) là, avec une petite zone de contact au niveau de l'amour. Depuis, mon ressenti a changé.

J'ai pensé cela car je considérais Dieu comme lointain. Je ne le pense plus maintenant. Néanmoins, pendant quelques années, cette idée m'a permis d'avancer : Dieu était très loin, mais je le sentais quand même plus proche qu'avant de penser à ce point de contact possible entre Dieu et nous. En réfléchissant aujourd'hui à cela, je me dis qu'il ne faut surtout pas critiquer l'idée que quelqu'un a de Dieu, si elle lui permet de s'en approcher avec le cœur.

Nous sommes de simples êtres humains, aussi y aura-t-il toujours une certaine projection de nous-mêmes dans l'idée que nous pouvons nous faire de Dieu, que nous l'imaginions comme un sourire, un oiseau, une montagne, la nature, un vieillard barbu sur un nuage, ou notre prochain : cela regarde chacun ; mais si cela permet de s'approcher de Dieu et par là-même d'être plus proche de ses semblables, c'est infiniment bon.

Cela nous ramène à l'idée d'Unité profonde des grands enseignements que j'exposais au début de ce chapitre.

Les grands enseignements : un ensemble harmonieux.

On peut, peut-être, se familiariser avec l'idée que les grands enseignements forment un ensemble harmonieux rien qu'en observant différentes écoles spirituelles du Bouddisme Tibétain.

Tenzin Wangyal Rinpoché explique qu'il y a, dans le Bouddhisme Tibétain, des plans d'enseignements différents, des écoles différentes que, considérées de l'extérieur, nous pourrions croire antagonistes, mais qui font partie d'un même ensemble ; ils sont chacun adapté à certains, en fonction de ce que ces derniers sont à même de recevoir. Mieux encore, il affirme que de grands enseignants du Dzogchen utilisent, lorsqu'ils jugent qu'elles sont adaptées à la situation qu'ils rencontrent, des pratiques d'autres écoles.

Il cite quatre approches principales. Je vais vous exposer ici en quoi, selon lui, les approches se différencient ; je n'ai pas l'expertise qui me permettrait de vous décrire chacun de ses enseignements en détail.

Commençons par le chamanisme : dans celui-ci existe un Ésprit de la rivière que vous voyez ici ou de la montagne qu'on aperçoit là-bas et il y a de nombreuses pratiques avec les éléments de la nature.

Existe aussi l'école des soutras, que nous pourrions assez facilement rapprocher de notre morale occidentale, où il est recommandé de faire de bonnes choses et d'éviter d'en faire de mauvaises. Par exemple, vous allez éviter les situations où vous risqueriez de vous mettre en colère et privilégier les situations paisibles.

On trouve également l'école des tantras (à ne pas confondre avec le « tantra » occidental), qui est celle de la transformation, où il va être enseigné de transformer le négatif en positif, le mauvais en bon ; c'est ce qui est fait lorsque par la gestion des émotions, vous transformez votre colère en apaisement, sans jamais renier votre colère. Vous n'évitez rien, mais lorsque cela arrive, vous savez le transformer de façon bénéfique.

Et enfin l'enseignement du Dzogchen, autrement dit « de la grande perfection ». Ici, vous réalisez que la perfection est en toute chose, en toute situation, et vous voyez la perfection en tout, non pas de façon béate ou avec niaise, mais grâce à la réalisation de votre propre essence et de l'essence des choses. Il me semble que la notion de « perfection » du Dzogchen est quasiment la même que celle de Spinoza que nous allons retrouver plus loin. Pour éviter dès maintenant tout contre-sens, il faut préciser que ce n'est pas une perfection telle que la désirerait notre jugement.

Je décris ces différentes approches afin d'illustrer à quel point les chemins peuvent être différents. Il est futile de se disputer en pensant « mon approche est la meilleure ». C'est peut-être celle qui m'aide le plus, mais elle ne vous aiderait peut-être pas vous, car une autre approche vous correspond davantage et vous permet de donner le meilleur de vous-même.

C'est futile, enfantin, mais les conséquences sont parfois gravissimes comme les guerres entre religions le démontrent.

L'important dans une approche, dans une philosophie, dans une religion, est qu'elle nous fasse grandir en Humanité. Rien d'autre ne compte à mes yeux dans ce domaine.

Voyez aussi que j'utilise ici le terme « Humanité » à la place du mot « Sagesse ». C'est évidemment à dessein car, là aussi, quel serait l'intérêt de la Sagesse si ce n'était de nous amener à réaliser ce que nous avons de plus beau en nous, et, comme nous sommes humains, de réaliser ce qu'il y a de meilleur dans notre Humanité ?

Contacter mon essence

Grâce aux enseignements de Tenzin Wangyal Rinpoché, j'ai pu contacter un état de conscience universelle, c'était pour moi un pas de géant ; voici ce qui m'y a amené.

En recherchant des explications sur le rêve lucide (vous vous souvenez ? j'en avais entendu parler par Alexandro Jodorowsky) j'ai découvert le livre de Tenzin Wangyal Rinpoché : *Yoga Tibétain du rêve et du sommeil*[18]. J'avoue n'avoir guère avancé dans cette pratique, car j'ai d'énormes difficultés à me souvenir de mes rêves. Néanmoins, j'ai été touché par ce que développait l'auteur, par ce qu'il expliquait de nous. Aussi ai-je cherché sur Internet des informations sur lui.

J'ai été ravi de découvrir des vidéos où il développait certains enseignements. Je me suis senti connecté immédiatement : il se dégageait de cet homme quelque chose que je reconnaissais sans savoir expliquer cela avec des mots. J'eus envie d'aller plus loin avec lui.

Je parlais, un peu plus haut, des quelques mots de lui qui m'ont permis de me reconnecter à mon essence. Au cours d'un de ses enseignements, j'étais bloqué car je ne me sentais pas légitime, comme s'il s'agissait d'enseignements réservés à d'autres, et que je n'y avais pas droit. Peut-être, ou plutôt probablement, parce que je n'étais pas Bouddhiste et ne souhaitais pas le devenir. La conséquence en était que je me sentais incapable de réaliser la méditation proposée.

J'ai fait part à Tenzin Wangyal Rinpoché de mon désarroi, et il a alors suffi qu'il me dise : « C'est l'ego qui fait cela, ne vous en préoccupez pas, ouvrez votre cœur et pratiquez », pour que je réalise combien il avait raison, que c'était effectivement l'image que j'avais de

---

[18] *Yoga Tibétain du rêve et du sommeil* de Tenzin Wangyal Rinpoché, ed. Claire Lumière.

moi qui me bloquait. Au fond qui étais-je pour décider si j'avais droit ou non à ces enseignements ? J'étais là, et ils m'étaient donnés sans restriction. Alors ? Qu'attendais-je ?

Ces quelques mots de Tenzin Wangyal Rinpoché ont fait se dégonfler mon ego, il s'est effacé, et la route s'est trouvée dégagée. Alors j'ai pu réaliser la pratique pour mon plus grand bien. C'est ensuite, avec la répétition et l'approfondissement des méditations que j'ai contacté mon essence, autrement appelée « la nature de l'esprit ».

Souvenez-vous de la fin de la lettre de Saint Paul que vous avez lue au début de *Lumière dans la Vie* ; je vous avais dit que j'y reviendrais :

« Un jour, les prophéties disparaîtront, le don des langues cessera, la connaissance que nous avons de Dieu disparaîtra. En effet, notre connaissance est partielle, nos prophéties sont partielles. Quand viendra l'achèvement, ce qui est partiel disparaîtra. »

Quelque chose de cet ordre s'est passé, et alors tout s'est retourné.

Qu'est-ce-qui s'est retourné ? Me demanderez-vous.

Principalement mon ressenti, ma vision du monde.

Auparavant je vivais tout depuis ma petite personne, depuis mon identité. C'est pour cela que, malgré toutes les découvertes et avancées précédentes, il y avait toujours ce qui était en moi (mon corps, ma vie, mes expériences, l'énergie lorsqu'elle était en moi…), et ce qui était à l'extérieur ou lointain (l'autre, le monde, l'Univers, Dieu…). L'extérieur était alors, dans ma conscience, infiniment moins lointain qu'avant que je n'entreprenne ma quête spirituelle ; je m'en étais grandement rapproché, mais il restait toujours dehors.

Je n'avais certainement plus que quelques pas à faire, peut-être n'y avait-il plus qu'une porte à franchir, mais il y avait toujours un intérieur et un extérieur, pas une unité. Ce qui était paradoxal c'est que je savais, que j'étais intimement persuadé, que cette unité existait, mais je ne pouvais l'atteindre, c'était hors de portée, comme dans certains rêves où vous désirez de toutes vos forces vous réveiller, vous savez que c'est possible, mais vous n'y parvenez pas.

Depuis, c'est très différent car sur le plan de conscience qui est celui de notre essence nous entrons dans l'infini. Alors notre corps continue à exister, nos émotions, les autres… tout cela est toujours présent, mais comme des particularités de quelque chose d'immense, d'infini, que nous sommes aussi, que nous sommes surtout devrais-je dire, et qui est notre état profond, notre état naturel.

Tenzin Wangyal Rinpoche nous avertit dans *Guérir par les formes, l'énergie et la lumière*[19]: *"Si nous nous leurrons sur notre propre nature, nous nous leurrons sur tout. C'est*

---

[19] *Guérir par les formes, l'énergie et la lumière* de Tenzin Wangyal Rinpoche aux éditions Claire Lumière

pourquoi la pratique (du Dzogchen) ne peut commencer tant que le pratiquant n'a pas reconnu la nature de l'esprit."

"Il n'y a aucun endroit où se rendre, il n'y a rien à développer, rien à fabriquer ou à transformer. La question est juste de se réveiller, de reconnaître ce qui est déjà là", ajoute l'auteur dans ce même livre.

Je n'ai pas pour autant été « aspiré » par cette immensité, je ne me suis pas perdu en elle car je suis bien ancré et aussi, j'en suis persuadé, parce que mes recherches précédentes, tout ce que j'avais lu, vécu, expérimenté, me permettait d'être totalement conscient de ce que je vivais et du sens que cela avait. Cela me permettait aussi de ne pas m'y attacher, ce qui est très important.

Je vous ai parlé un peu plus haut de « quelque chose d'immense, d'infini ». J'essaierai très bientôt, avec l'aide de Saint Augustin et de Spinoza de vous faire mieux saisir cet infini dont je parle.

J'ai contacté mon essence grâce aux pratiques méditatives proposées par Tenzin Wangyal Rinpoché. C'était donc, dans mon cas, à la suite d'une démarche active ; mais je sais que d'autres la contactent par hasard. Cela vous est peut-être arrivé, en étant saisi par un paysage grandiose à « couper le souffle » : pendant un moment vos réflexions se sont arrêtées et il n'y avait plus que la présence, l'émerveillement sans mots. Ou alors en ressentant d'un coup une vague d'amour qui vous émeut et vous fait verser des larmes de plénitude, toute pensée suspendue. Mais vivre cela ne suffit pas. Pour que l'expérience soit profonde, pour qu'on puisse la faire sienne, je pense qu'il faut qu'on ait auparavant toute la connaissance, toute la compréhension, pour être pleinement conscient de ce qui se passe, ne pas le juger, et le réaliser totalement. Alors seulement l'expérience prend sa véritable ampleur.

*

Avant de quitter ce chapitre, qui marque un temps fort de ma vie, j'aimerais partager avec vous un texte[20] inspiré par les questionnements que Sainte Thérèse d'Avila confia dans *Le Château de l'âme*[21].

Cela vous aidera peut-être à mieux comprendre ce qui se passe en vous, si vous aussi vous vous trouvez un jour dans les mêmes difficultés que celles que j'ai connu avec mon ego lors de l'enseignement de Tenzin Wangyal Rinpoché, cité plus haut.

---

[20] Voir *Contes Initiatiques de la Forêt de Brocéliande* sur le site Internet www.mesnil.com.

[21] *Le Château de l'âme* de Sainte Thérèse d'Avila ed. Points Sagesses

Voici :

"Si tu n'as pas la vue élevée que te donne la contemplation de Dieu ou de la Vacuité et que tu ne fais que regarder "ton propre limon", tu n'avanceras pas.

Tu te poseras de multiples questions que Sainte Thérèse d'Avila décrit ainsi :

- Me regarde-t-on ou non ?

- Si je suis cette voie, ne va-t-il pas m'arriver quelques malheurs ?

- Oserai-je entreprendre cette œuvre ?

- Ne serait-ce pas de l'orgueil de ma part ?

- Est-il bien qu'une personne misérable comme moi s'occupe d'une chose aussi élevée ?

- Ne va-t-on pas concevoir une opinion trop favorable de moi si je ne suis pas la voie commune à tous les mortels ?

- Pécheresse comme je le suis, ne vais-je pas m'exposer à tomber de plus haut ?

- Peut-être resterai-je en chemin et serai-je un scandale pour les bons ?

- Une personne comme moi ne devrait-elle pas ne point prétendre à des singularités ?

Ces questions, illustrant la fausse humilité, sont causées par les démons nous dit Sainte Thérèse. Tu peux aussi considérer que c'est ton attachement à toi, tel que tu crois être, ton ego, qui simplement te fait douter de tout pour que tu ne changes rien.

L'ego est un mécanisme très astucieux, il s'appuie ici sur une qualité indispensable pour t'élever : l'humilité, et l'utilise pour te faire croire que tu ne dois même pas songer à t'élever.

Si tu parviens à mettre ton ego de côté, alors tu ne te considères plus, tu ne te juges plus, tu n'as plus à te définir comme quelqu'un qu'on regarde, qui risque quelque chose, qui a ou non de l'orgueil, qui est misérable, qui peut causer un scandale, qui est "une personne comme toi".

Tout cela disparaît : il reste ton élan de vie, ta force d'amour, ton sentiment d'être juste.

Sainte Thérèse t'aide, elle, à sortir de ce dilemme en te conseillant la contemplation de Dieu, du Christ, des Saints, qui eux montrent ce qu'est la véritable humilité. Harmonise-toi à eux alors tu pourras être véritablement humble."

Chapitre 9
La réalisation absolue, l'infini

Nous sommes arrivés. J'ai finalement trouvé ce que je cherchais depuis toujours. Désormais j'approfondirai ces enseignements dans ma vie tant que je le pourrai, mais je ne cherche plus, je ne suis plus en quête.

Alors, quel est cet infini dont je viens de vous parler ? J'appelle (je vous avais prévenus au chapitre précédent chers amis), pour m'aider à vous le décrire, Saint Augustin, Spinoza et certains enseignement Bouddistes et j'établirai des liens entre ces différents enseignements.

Saint Augustin, l'infini du temps, l'éternité[22]

Saint Augustin est né en 354, son père était « païen » et sa mère fervente chrétienne. Il se tint longtemps éloigné de la religion. C'est en 386 qu'il se convertit au catholicisme à la suite d'un long cheminement, et à une révélation. Il a beaucoup écrit, mais on retient surtout de son œuvre *Les Confessions*.

Dans une partie de cet ouvrage, bien que vivant à une époque où la science, la physique, les mathématiques, la cosmologie, n'avaient que peu à voir avec ce que nous connaissons, où l'on pensait que le soleil tournait autour de la Terre, et presque 1500 ans avant la naissance d'Einstein qui nous apporterait la théorie de la relativité, Saint Augustin nous parle magistralement du temps et de l'éternité !

Je retiens ici quelques phrases marquantes des réflexions que fait Saint Augustin en s'adressant à Dieu éternel :

« L'éternité n'a rien en soi qui se passe mais tout y est présent.

Il n'y a pas eu de temps avant la création du monde. Vous précédez tous les temps par l'éminence de votre éternité toujours présente et vous êtes élevé au-dessus de tous les temps à venir, parce qu'ils sont à venir et qu'ils ne seront pas plutôt venus qu'ils seront passés. »

---

[22] *La Création du monde et le Temps* de Saint Augustin ed. Folio Sagesses

Et, s'adressant toujours à Dieu, mais en parlant des hommes :

« Ils s'efforcent de comprendre votre sagesse éternelle : mais en même temps leur esprit roule toujours en soi-même les images de ces mouvements qui font le passé, et l'avenir : et ainsi ils ne peuvent avoir qu'une vaine et fausse idée de ce qui est éternel.

Qui arrêtera, dis-je, l'esprit de l'homme afin qu'il demeure ferme, et qu'il considère de quelle sorte cette éternité qui n'est ni passée ni future, forme tous les temps passés et futurs en demeurant toujours immobile ? »

L'esprit de l'homme s'arrête parfois et alors le voile se déchire, l'éternité est là. Vous êtes saisis, vos pensées s'arrêtent : vous êtes présents à l'éternité. Si vous êtes alors conscients sans élaboration de réflexions, vous réalisez pleinement cet état.

Cela ne durera que jusqu'à ce que la première pensée arrive, comme, par exemple : « j'y suis » ou « je suis dans mon essence ». Là, vous avez déjà quitté cet état. Cela peut aussi vous effrayer, vous faire ressentir comme un vertige, la peur du vide, la peur de l'arrêt des pensées, la peur de la mort.

Il faut donc de multiples expériences pour se familiariser avec cet état. La pratique de certaines méditations vous aidera, mais à la condition de ne pas être dans l'attente d'un résultat, sinon votre esprit, soit vous bloquera, soit créera de toute pièce un état artificiel pour vous faire croire que vous avez réussi. Je sais, c'est d'une subtilité incroyable ! Il faut donc beaucoup de pratique pour déjouer ces pièges de l'ego.

J'ajoute qu'avoir un enseignant de confiance et de grande qualité est souvent indispensable.

Inspiré par la lecture de Saint Augustin j'ai écrit ceci[23] :

"Du point de vue de l'esprit, du point de vue physique, la définition du temps est relative, le temps n'existe que par rapport à l'univers physique qui est le nôtre.

Tu peux, par la méditation, accéder à cette notion de non-temps qui dépasse celle du temps comme l'espace infini dépasse l'univers physique.

Notre matière est dans l'univers donc dans le temps.

Mais l'esprit, et tout est esprit, lui, est libre de cela, il est partie de Dieu, de la Vacuité, du Tao, de qui ou de quoi émanent l'univers et le temps.

Par la méditation, tu peux entrer dans ce plan de conscience, tout en étant dans ton corps, ici et maintenant.

Alors, les notions de passé et de futur disparaîssent, reste le présent, si infiniment petit, et l'éternité infinie, et les deux sont identiques.

Où peut alors se situer la notion de progression qui est liée au temps, puisque l'esprit est dans le non-temps ?

Elle disparaît aussi, les buts disparaissent, puisque les références au passé et au futur disparaissent, tu ne peux rien atteindre que l'état de maintenant.

---

[23] Voir *Contes Initiatiques de la Forêt de Brocéliande* sur le site Internet www.mesnil.com.

Sois inconscient et c'est comme si ton esprit n'était pas. Sois conscient et il est dans sa totalité infinie."

*

« L'éternité n'a rien en soi qui se passe mais tout y est présent »

En s'installant dans notre essence, dans la nature de notre esprit, nous entrons dans le seul endroit où rien ne change.

Les enseignement Bouddhistes parlent très souvent de l'impermanence : tout change constamment, les causes entraînent les conséquences. Tout cela est vrai dans la vie ordinaire, mais, sur un autre plan de conscience, notre essence, la nature de l'esprit est la seule chose qui ne change pas. Ce n'est pas l'amour, ce n'est pas la sagesse, ni une autre de nos qualités… mais c'est le lieu où ces qualités vont naître et se déployer. Il n'y a rien, mais tout est déjà là, un peu, mais l'image est très imparfaite, comme l'arbre est déjà dans la graine.

Ce lieu ne change pas : si nous avons perdu le contact avec notre essence et que nous le rétablissons, nous la retrouvons toujours immuable, éternelle.

On peut retrouver notre essence à tout moment, elle sera toujours identique.

Saint Augustin nous parle donc de l'éternité et je ressens de mon côté que notre essence, la nature de notre esprit, telle que définie par Tenzin Wangyal

Rinpoché, se situe sur ce même plan, nous aurons l'occasion de voir cela un peu plus tard.

*

Spinoza, l'infini de la Nature

Si dans *L'Éthique*[24] Spinoza (1632-1677) parle également d'éternité, il nous permet de prendre conscience différemment de l'infini.

Grâce à un raisonnement quasi mathématique, il nous peint une fresque décrivant comment tout ce qui existe s'organise, fresque dans laquelle les hommes sont des parties de Dieu.

On comprend bien mieux Spinoza aujourd'hui, à la lumière des connaissances scientifiques modernes, vous allez certainement vous en rendre compte.

Pour lui, Dieu est la Nature.

La Nature, telle que définie par Spinoza, c'est tout ce qui existe, a existé, ou existera.

C'est la réalité à la fois matérielle et spirituelle.

C'est, bien sûr, ce qui nous environne, ce qu'on touche, ce qu'on entend, ce qu'on voit... ce qui est concret : les arbres, les oiseaux, le soleil, mais aussi les planètes, les étoiles, l'ensemble de l'univers, tous les univers et tout ce dont ils peuvent provenir, et tout ce dont provient ce dont ils peuvent provenir, ceci jusqu'à l'infini.

La Nature, ce sont aussi les hommes, comme l'a démontré Darwin au XIXème siècle, grâce à sa théorie

---

[24] *Spinoza pas à pas* de Ariel Suhamy, ed. Ellipses

de l'évolution : les hommes ne sont pas à part, ils sont, comme les autres êtres, issus de la Nature, ils en font partie.

La Nature est la cause de tout ce qui existe et son existence n'a pas de cause initiale : elle est, et se réalise alors que tout ce qui se réalise en elle a besoin que la Nature existe pour exister. Par exemple, en simplifiant et avec d'autres mots : si la Nature n'existait pas, les hommes n'existeraient pas, alors que si les hommes n'existaient pas, la Nature existerait quand même. La Nature est la cause initiale de tout.

La Nature inclut non seulement tout ce qui est matériel, mais aussi tout ce qui est spirituel. C'est en cela que l'idée de Nature donnée par Spinoza se différencie du concept habituel de « nature » qui n'inclut que les choses et les êtres sous leur aspect concret.

Cette cause initiale de tout, comme elle est cause du spirituel et du matériel, puisque tout ce qui existe, spirituel ou matériel, est une partie d'elle et puisque rien ne peut, par définition, être sa cause, Spinoza lui donne le nom de Dieu et Dieu est infini.

« Tout ce qui est, est en Dieu, et rien ne peut, sans Dieu, ni être ni se concevoir ».

Ceci entraîne, pour Spinoza, diverses conclusions, mais, avant de les lire, retenez bien qu'on se place à un niveau d'analyse plus que cosmique puisque Dieu (la

Nature) est la cause unique de tout ce qui existe, au-delà même des univers et de ce qui les a causés. Voici quelques-unes des conclusions qui découlent de l'analyse de Spinoza et que je vous résume ici :

L'homme n'a pas de libre arbitre en ce sens qu'il ne peut s'extraire des lois de la Nature ; par exemple, il ne peut pas ne pas mourir.

En revanche, il peut aller vers la liberté en dépassant son ignorance et en se rapprochant de la divinité grâce à la raison. J'explique bientôt comment.

Dieu (la Nature) n'est ni juge, ni prince, ni roi, il ne veut rien ni n'exige rien, il ne condamne ni ne punit, il n'est pas non plus un Dieu vengeur. Il ne donne pas de commandements, il ne juge pas ni moralement ni autrement. Il n'existe pas de Morale divine qu'il demanderait de suivre.

Dieu est au-delà du bien et du mal. Le bien et le mal sont des notions humaines nécessaires, car il vaut mieux faire du bien aux autres êtres que leur faire du mal, mais il ne faut pas projeter ces valeurs très humaines sur Dieu car il n'existe pas de Bien ni de Mal dans le sens absolu ; dans la Nature, il y a ce qui est.

La perfection, citée par Spinoza, qui est très proche, si ce n'est identique, à celle que nous avons évoquée avec le Dzogchen, n'a aucun rapport avec le bien et le mal, le bon et le mauvais : elle s'appelle aussi réalité (ce qui est). Il n'y a pas à lui apposer un jugement de valeur, par exemple à chercher si la réalité est bonne ou mauvaise. La réalité (de la Nature) est ce qu'elle est, elle est donc parfaite. La Nature est naturelle donc parfaite et par conséquent, tout ce qu'elle inclut est naturel, donc parfait.

Il existe un déterminisme naturel : certains évènements entraînent certaines conséquences. Mais il n'y a aucune finalité : la Nature se déploie de toutes les façons possibles mais ne fait rien « pour » quelque chose. Entre autres, Dieu ne crée pas les hommes pour réaliser quelque chose qui lui manquerait, par exemple être aimé d'eux, car étant tout, il n'a aucun besoin. En revanche les hommes, de la même façon que tout ce qui existe, sont des émanations naturelles de Dieu (de la Nature).

Ces idées inhabituelles vous parleront peut-être davantage si vous comparez la Nature (Dieu) à la Terre. La Terre n'a pas d'intention, elle ne juge pas, elle est parfaite dans le sens où se développent grâce à elle de multiples formes, de multiples êtres. Si certains êtres disparaissent, d'autres apparaissent et se développent : c'est la réalité naturelle et parfaite. Pour la Terre, celle sur laquelle nous vivons et dont nous sommes le produit, il n'y a ni bien ni mal, il y a ce qui est.

*

D'après Spinoza, nous devons cheminer depuis l'ignorance dans laquelle nous baignons ordinairement pour, grâce à la raison, développer notre compréhension de la réalité. Chaque fois que nous réalisons cela, nous ressentons de la joie. De joie en joie, de compréhension en compréhension, nous sommes de plus en plus en contact avec la réalité. Et, comme la réalité, qu'il appelle aussi la perfection, est la Nature ou Dieu, alors nous sommes de plus en plus en Dieu et cela nous amène à la béatitude.

« Dieu constitue la nature de l'Esprit humain. »

Voilà donc certaines idées essentielles dont nous instruit Spinoza.

*

Personnellement, je ressens que la nature de notre esprit, notre essence, est la réalité décrite ci-dessus, et qu'en contactant notre essence nous entrons en union, en fusion, avec la Nature infinie et éternelle telle que la décrit Spinoza. Alors nous réalisons la béatitude.

*

Un autre aspect capital développé par Spinoza, et dans lequel je me retrouve aussi, est l'idée que l'esprit et le corps sont deux aspects d'une même réalité. Chez un être, ces deux aspects forment une seule chose, il n'y a donc pas à vouloir brimer le corps, ou à le mépriser, pour permettre à l'esprit de s'élever. Bien au contraire : le développement du premier favorise le développement du second et inversement. J'ai ressenti cela dans mon corps et mon esprit, vous vous en souvenez avec les expériences que je vous ai confiées de massage et de Reiki, puis avec l'approche Taoïste où le corps et la circulation d'énergie entretenue dans le corps, favorisent notre ouverture vers l'universel. On retrouve aussi cela dans le yoga, voyez par exemple *L'éveil du corps sacré, yoga Tibétain de la respiration et du mouvement*[25].

*

L'infini de la conscience

Saint Augustin et Spinoza nous ont permis, avec des approches différentes, de nous faire une idée de l'infini ; Tenzin Wangyal Rinpoché, nous introduit, lui, à l'infini de la conscience, en particulier grâce à la méditation.

---

[25] *L'éveil du corps sacré, yoga Tibétain de la respiration et du mouvement* de Tenzin Wangyal Rinpoché, éditions Claire Lumière.

Cette approche est celle qui m'a permis de réellement ressentir l'infini.

Certaines méditations nous permettent, en effet, d'entrer en contact avec notre essence, avec notre conscience infinie, et cela à partir de nous-même.

Tenzin Wangyal Rinpoché enseigne par exemple la méditation du Refuge Intérieur. Je vous la résume ici :

Elle comporte trois voies pour aller vers notre essence, vers notre réalité profonde, c'est-à-dire pour la contacter, puis nous y installer :

La première voie est celle du corps. En position de méditation vous parcourez mentalement chaque partie de votre corps et vous sentez progressivement le calme s'installer à chaque endroit que parcourt votre conscience, jusqu'à ce que vous sentiez le calme dans tout votre corps. Puis vous élargissez votre champ de conscience pour ressentir le calme autour de votre corps. Vous ressentez alors que les frontières habituelles entre ce qui est en vous et ce qui est autour de vous ont disparu. Grâce à votre corps, vous ressentez le calme en vous et autour de vous. C'est le même calme et vous ressentez que ce calme n'a aucune limite, il est infini.

La deuxième voie est celle du verbe. Vous savez cette petite voix en vous qui commente, à longueur de temps, ce que vous faites ou ne faites pas, ce que font ou ne font pas les autres… Ce verbiage intérieur est incessant. Il ne sert à rien de vouloir le faire taire, de s'y opposer, car cela le renforce. La seule chose à faire est de redoubler d'attention et d'écouter le silence. Vous écoutez le silence autour de cette voix et dans cette voix. Si vous réalisez cette expérience vous découvrirez qu'instantanément la voix se tait et que seul règne le silence infini.

La troisième voie est celle du mental. Il est d'abord nécessaire de prendre conscience de l'immensité de votre mental. Vous pouvez l'imaginer en pensant à toutes les pensées et émotions qui le traversent au long d'une vie : c'est considérable. Ressentez alors l'espace immense de votre mental et si une pensée ou une émotion surgit, accueillez-là dans l'espace immense de votre mental et ressentez l'espace autour de cette pensée ou de cette émotion, et dans celle-ci. Vous constatez alors que cette pensée ou cette émotion s'estompe. Vous ressentez à nouveau l'espace immense de votre mental. Puis vous élargissez votre conscience afin de ressentir l'espace autour de votre mental. À ce moment, naturellement, les limites de votre mental disparaissent et seul règne l'espace infini.

Vous vous installez alors dans ce calme infini, ce silence infini, cet espace infini, vous vous installez dans votre essence, c'est-à-dire dans la nature de l'esprit, dans la conscience infinie.

L'ouverture que produit cette méditation se réalise à trois niveaux différents :

L'ouverture pour soi :

Souvent, nous nous identifions à nos pensées. Mais ici, étant dans un espace infini, quoi qu'il arrive, nous avons la possibilité d'accueillir toutes nos pensées, quelles qu'elles soient, et de ressentir encore l'espace infini et la liberté autour et dans ces pensées.

Nous pouvons vraiment nous accueillir enfin, tels que nous sommes. Alors nous nous découvrons différents, bien plus grands que ce que nous pensions, et cela, simplement parce que nous nous ouvrons à nous-mêmes, simplement parce que nous nous ouvrons à notre essence.

L'ouverture pour les autres :

Nous contactons l'ouverture en nous, pour nous-même, et nous découvrons qu'elle n'a pas de limite, car nous sommes dans une conscience sans limite ; nous pouvons alors y accueillir les autres.

Nous ne sommes plus à l'étroit en nous. Même si parfois certains comportements éveillent en nous des émotions dérangeantes, nous avons la place pour les accueillir. Et cela nous est facile, nous n'avons pas d'effort à faire, nous le faisons naturellement.

Pour donner une image : c'est comme si, souvent, nous vivions dans un petit logement, empli de choses fragiles, de sorte que nous n'invitons personne de crainte d'être envahi ou de peur que les invités ne cassent quelque chose. Inversement, lorsque nous sommes dans notre essence, lorsque nous la réalisons, nous avons tout l'espace nécessaire, et les objets délicats sont si abondants que si jamais l'un d'eux était cassé, cela n'aurait aucune importance ; alors nous pouvons lancer nos invitations sans crainte.

De plus, installés dans cette ouverture, dans cette conscience infinie, nous réalisons pleinement que les autres possèdent cette ouverture en eux. Ce n'est pas une compréhension intellectuelle, c'est une réalisation de ce qui est.

Peu à peu nous apprenons à être dans notre essence, et peu à peu nous nous découvrons la capacité de ressentir en l'autre son essence.

Alors nous avons la joie de découvrir qui est vraiment l'autre. Au-delà des apparences, au-delà de ses comportements et conditionnements, nous découvrons sa qualité infinie d'être.

L'ouverture au-delà :

Cette conscience éveillée de cet espace en nous, de cet espace en l'autre peut nous amener à la compréhension de l'unicité de cet espace sans limite et à la réalisation de la conscience universelle.

Nous le découvrons en nous, mais il ne s'arrête pas à nous. On le retrouve en l'autre et, en l'autre, il n'a pas de limite non plus.

Si nous avons cette chance, nous réalisons que notre essence, avec laquelle nous renouons le contact, ne nous est pas propre.

Notre essence n'est pas notre âme, car lorsqu'on parle d'âme, souvent, nous l'imaginons personnelle, chargée de notre personnalité, de nos qualités et défauts, chargée de nos actes, de notre histoire, de ce que les orientaux appellent notre karma. Elle est encore encombrée de notre ego et c'est probablement celui-ci qui nous incite à prier pour son salut particulier. Alors qu'ici, celui qui réalise pleinement cet espace va au-delà de ce que nous appelons son âme, il entre en contact avec l'universalité, avec la conscience universelle.

Comment définir ce que j'appelle la conscience universelle ?

D'abord l'universalité doit se comprendre dans le sens où Spinoza définit la Nature ou Dieu, et où Saint Augustin définit l'éternité, c'est-à-dire la totalité, laquelle, je vous le rappelle, nous inclut pleinement : nous n'en sommes, ni vous ni moi, distincts. Et ensuite, le sens du mot « universel », ici, ne se limite pas à ce qui concerne notre univers, mais l'inclut, évidemment.

La conscience universelle concerne donc la totalité.

De quel genre de conscience s'agit-il néanmoins, me demanderez-vous.

Pour vous le faire comprendre, je pense que le mieux est que je parte de votre propre expérience.

C'est la conscience qui se déploie lorsque vous êtes saisi par quelque chose. Cela peut être un fait plaisant (j'évoquais plus haut un paysage à couper le souffle) mais cela peut être dramatique, comme un accident de voiture ; vous pouvez aussi vous imaginer tombant sans vous y attendre dans une mer glacée : le saisissement peut se produire dans tous ces cas. Lors d'un tel évènement, vous réalisez pleinement ce qui se passe, votre conscience est déployée, mais vos pensées sont suspendues, peut-être même votre souffle. Il n'y a alors en vous aucun jugement, aucune émotion, aucune élaboration : vous ne dites pas « c'est bien » ou « c'est mal », vous n'en tirez aucune conclusion. Pourtant vous êtes présent à mille pour cent.

C'est ce genre de conscience-là : une présence totale qui est réalisée, mais qui n'élabore rien. Ces expériences dans la vie courante sont extrêmement fugaces. Les pensées et les émotions surgissent ensuite si vite, et nous emmènent si loin, que ces instants de pleine conscience passent la plupart du temps inaperçus et la conscience n'a pas le temps de se déployer entièrement.

C'est ce genre de conscience que j'évoque ici, à la différence qu'en étant plus stable, elle se déploie non pas sur un évènement particulier mais sur l'infini. C'est, par exemple, vers cela que nous conduit la méditation que je vous ai succinctement décrite précédemment.

On retrouve cette conscience universelle en nous, autour de nous, puis de façon infinie.

Nous avons donc désormais une bonne idée de ce qu'est la conscience universelle, c'est déjà une étape capitale.

Ne relâchons pas nos efforts et demandons-nous, maintenant, comment il se fait que cette forme de conscience nous semble si souvent inaccessible ?

Nous venons de voir en effet que dans la vie courante elle ne nous apparaît (lorsqu'elle nous apparaît) que d'une façon tellement fugace qu'on peut facilement douter de l'avoir connue. Le Dalaï Lama cite certaines circonstances dans lesquelles on peut la rencontrer : lors d'un éternuement, d'un orgasme, de l'endormissement ou de l'instant de la mort.

Pourtant, chaque fois des obstacles s'opposent à ce que nous en prenions véritablement conscience et nous passons à côté. Quels sont ces obstacles ?

Pour Spinoza ce sont les affects et les passions tristes. Je dirais avec mes mots que ce sont nos pensées et en particulier nos pensées jugeantes ainsi que nos émotions non gérées, et que ces pensées jugeantes et ces émotions non gérées sont fruits de notre ego. Tout cela crée une agitation intérieure qui nous maintient dans l'ignorance de notre conscience non jugeante, c'est-à-dire de notre conscience universelle. Nous ne savons pas qu'elle existe.

Comment faire pour en prendre conscience ? Comment faire pour travailler à se libérer de l'ego, à le dépasser ? Comment faire pour gérer ses émotions ?

C'est, en effet, une étape incontournable si l'on souhaite aller vers soi et vers les autres et si, comme le dit Spinoza, nous désirons quitter la servitude due à l'ignorance et aller vers la liberté et la réalité.

Je ne peux malheureusement pas traiter de ce sujet dans le présent ouvrage, mais je l'ai fait abondamment par ailleurs[26].

*

Conclusion de ce chapitre

Maintenant que vous avez connaissance de mes sources, je peux vous dire quelles sont les idées auxquelles je souscris à propos de la spiritualité et de Dieu.

La spiritualité

Je pense que la spiritualité est présente partout, c'est-à-dire qu'existe un aspect spirituel dans les choses et la vie.

Lorsque l'on expérimente la révolution de conscience que procure le fait de renouer le contact avec son essence, avec la nature de l'esprit, que l'on voit à quel point cela est éclairant et enrichit la vie ainsi que le rapport qu'on a aux autres, qu'on réalise que jusqu'à cet instant on était coupé d'une partie majeure

---

[26] Voir le livre *Il a Changé !* et les *vidéos Je Fais un Pas pour l'Humanité* sur le site Internet www.mesnil.com.

de la réalité et que l'on vivait dans un monde mental frileux et étriqué, tout encombré qu'il était de notre ego et de nos affects, que l'on ressent que cette révolution intérieure n'est pas le fruit d'une cause matérielle, comment donc qualifier cette cause ? Bien sûr, on peut la dire immatérielle pour ne pas utiliser le mot spirituel qui est, à mon sens, celui qui lui correspond le mieux, mais peu importe ; au-delà des mots nous désignerions exactement la même chose.

Voilà pourquoi je pense que l'aspect spirituel existe : par l'expérience que je viens de vous décrire. Et tout ce que j'ai vécu autour du travail énergétique (en particulier à travers la pratique du Reiki et du Tao) m'a amplement convaincu que tout était à la fois matériel et spirituel.

Attention, ce n'est pas, encore une fois, une spiritualité du jugement qui se traduirait par la condamnation de ce qui est mal et de ceux qui agissent mal, mais une union de toutes choses dans la conscience universelle.

Dieu

La Nature (Dieu) est tout ce qui existe, a existé, ou existera, c'est la réalité à la fois matérielle et spirituelle. Pourquoi alors, ne pas dire simplement la Nature plutôt que Dieu ? Parce qu'il s'agit ici de la Nature matérielle <u>et</u> spirituelle. Toute la Nature. Par conséquent, cette notion inclut la totalité de la spiritualité. Or ce qu'on entend par « nature » se comprend pour la plupart des gens uniquement comme la nature matérielle. Nous devons donc utiliser un nom incluant tout, et - je me réfère ici particulièrement aux définitions données par Spinoza et je les fais miennes - seul le nom de « Dieu » correspond à ce qui existe sans cause initiale et est la cause de tout, seul ce nom permet d'évoquer la totalité, matérielle et spirituelle.

Dieu est au-delà du bien et du mal. En effet, il n'y a pas de bien ni de mal dans la Nature, il y a ce qui est. Si une étoile en percute une autre ce n'est ni bien ni mal, c'est la Nature qui est ce qu'elle est.

Dieu n'a pas de volonté de faire ou d'obtenir, il est tout et a tout. Il n'a d'intention ni pour lui, ni pour l'Univers ni pour les hommes, rien ne lui manque. Il ne donne pas de commandement et ne juge pas selon un Bien et un Mal absolu ou une Morale absolue, il ne craint rien et ne se venge pas. Il est simplement la réalité, toute la réalité, il est en cela parfait. Comme je l'ai déjà souligné, nous retrouvons ici à la fois ce qui est développé par Spinoza et ce qui est développé dans le Dzogchen.

Chapitre 10
Consciences

Comme nous l'avons vu, la conscience universelle est une attention, une présence, une ouverture totale, sans jugement, sans intention ni élaboration, indépendante de l'espace et du temps. Approchez ces quelques mots de ce que je viens de décrire de Dieu et voyez à quel point cela est proche.

La conscience particulière, ou discriminante est, elle, indispensable pour la vie concrète de l'individu. Par exemple : je fais attention en traversant la route, j'envisage les conséquences possibles de mes actes ou de mes paroles, je suis attentif à l'autre... Elle implique une part plus ou moins grande d'expérience, d'analyse, de réflexion, de jugement, de volonté.

À longueur de temps, nous utilisons la conscience discriminante et c'est tellement habituel que nous pourrions penser que c'est la seule qui existe. Ou, si nous avons entendu parler de la conscience universelle, nous pourrions penser que cette dernière est à l'extérieur de nous, peut-être quelque part dans l'espace, dans une galaxie lointaine, très lointaine... dirait Georges Lucas. Ou au contraire qu'elle est enfouie trop profondément en nous. Dans ces deux cas : inaccessible, hors de portée.

Or, nous avons tous cette conscience universelle en nous et nous pouvons la recontacter à tout moment

Plus précisément mes expériences de méditation me font penser, et je l'ai développé plus haut, que cette conscience universelle n'est pas « en nous » dans le sens où elle serait cantonnée à notre individu, mais plutôt que nous baignons dans, et sommes remplis de, cette conscience universelle. Seules ce que les Bouddhistes appellent « les illusions » ou « l'ignorance » (tiens, nous retrouvons une idée commune avec celles de Spinoza) nous en séparent.

Voici un autre texte que je souhaite partager[27] avec vous :

"Jésus a annoncé que le royaume de Dieu est en chaque être.

Il a dit "Le royaume de Dieu ne vient point avec éclat, et on ne dira pas : "il est ici", ou "il est là" ; car voici, le royaume de Dieu est au-dedans de vous." (Luc XVII 23-21)

Il a dit aussi : "Tu aimeras le Seigneur ton Dieu de tout ton cœur, de toute ton âme et de toute ta pensée ; voilà le premier et plus grand commandement ; et en voici un second qui lui est semblable : Tu aimeras ton prochain comme toi-même." (Matthieu XXII, 37-39)

Et Sainte Thérèse d'Avila a écrit : "Dieu est en toutes choses, par présence, par puissance et par essence".

Dieu, ou, si tu préfères, le royaume de Dieu, est donc en chaque être, pleinement et totalement.

Il est là : amour, compassion, sagesse et lumière.

Or les hommes restent le plus souvent aveugles à eux-mêmes, à ce qu'ils portent en eux.

Ils ne le reconnaissent pas, ils se pensent différents, et donc, ils éloignent d'eux-mêmes Dieu et le royaume de Dieu.

Rapproche-toi de ton âme, de ton cœur, rapproche-toi de tout ton être.

Rapproche-toi de toi, non comme tu crois être, mais comme tu es dans la vérité ;

Car tu es amour, compassion, sagesse et lumière !"

*

---

[27] Voir *Contes Intiatiques de la Forêt de Brocéliande* sur le site Internet www.mesnil.com.

Cette vision est également corroborée et enrichie par les enseignements de Maître Eckart (vers 1260 – vers 1328) dans *Être Dieu en Dieu*[28].

Dans son sermon 101 intitulé *« la naissance de Dieu dans l'âme »*, Maître Eckart expose, en prenant trois points particuliers, comment Dieu naît dans l'âme. Ces points sont : le lieu de naissance, le comportement à adopter, et le profit à en retirer.

Permettez-moi un petit avertissement avant votre lecture : j'interprète ici « naissance de Dieu dans l'âme » par éveil ou réalisation.

Le lieu de naissance de Dieu dans l'âme tout d'abord. Selon Maître Eckart, *« l'âme ne doit pas s'évader par les cinq sens dans la multiplicité des créatures mais être totalement intérieure et une. C'est dans le plus pur qu'est son lieu : elle se refuse à tout ce qui ne l'est point »*.

Mon commentaire : revisitez maintenant la méditation du refuge intérieur et voyez qu'en vous installant dans le calme, le silence, et l'espace, vous vous installez dans le plus pur, dans un lieu aucunement perturbé par les distractions ni des cinq sens, ni même des pensées ou des émotions. Vous êtes au plus profond de vous, dans votre essence. C'est à mon sens, bien qu'avec d'autres mots, de ce lieu dont parle Maître Eckart.

Quel est ensuite le comportement à adopter ? pour Maître Eckart, il faut se tenir oisif et laisser Dieu agir.

---

[28] *Être Dieu en Dieu* de Maître Eckart, ed. Points

Mon commentaire : vous êtes dans le calme, le silence et l'espace, dans votre essence, et vous n'attendez rien.

Enfin quel profit pouvez-vous en tirer ? d'après Benoît Beyer de Ryke qui commente les sermons de Maître Eckart dans le même ouvrage : *« être conduit à l'inconnaissance. Cette expérience est plus précieuse que tous les savoirs car elle nous ravit à toutes choses connaissables comme à nous-même »*.

Mon commentaire : vous entrez alors dans la conscience universelle, dépassant la conscience discriminante et l'ego.

*

Peut-on concilier la conscience discriminante et la conscience universelle ? vous demandez-vous avec raison, car c'est indispensable.

Si l'on pense que tout est issu de la Nature, nous devons convenir que la conscience discriminante est totalement naturelle. Nous n'avons donc aucune raison de vouloir la rejeter, ni de lutter contre, ni de vouloir la tenir en laisse. Et puis, n'oublions pas qu'elle nous est indispensable pour la vie quotidienne.

Pourtant, le plus souvent, nous en sommes prisonniers, car nous sommes enfermés dans notre ego. La conséquence de ceci est que nous ne sommes pas réellement heureux. Nous pouvons certes, avoir des moments où nous sommes joyeux, mais nous ne connaissons pas de bonheur durable. Seul le contact avec notre essence, avec la conscience universelle nous ouvre au bonheur durable.

Pour concilier, harmoniser les deux consciences, il faut d'abord, c'est indispensable, réaliser le travail que j'ai évoqué plus haut sur la gestion des émotions ; ensuite il suffit, je dis bien il suffit, de regarder la conscience discriminante depuis notre essence, depuis la nature de notre esprit. Dans cet endroit où l'ego s'est estompé nous pouvons regarder la conscience discriminante, elle sera alors éclairée et nos choix, nos décisions, le seront. (Ceci répond à une question essentielle que Franck et Alex se posent dans *Plus que la Vie*).

Ici, la conscience universelle se déploie dans la conscience discriminante.

C'est de cette façon que la conscience universelle se déploiera dans notre vie quotidienne, dans nos relations, notre travail…

Voici un autre texte[29] en guise d'illustration :

"Le chemin est tout de subtiles nuances.
À certains moments, tu dois t'appuyer sur la pensée, le mental, comme pour préparer quelque chose en toi, pour éduquer ton esprit. Mais, plus tu avances, plus c'est ce même mental qui te limite, car il est lui-même limité.

---

[29] Voir *Contes Initiatiques de la Forêt de Brocéliande* sur le site Internet www.mesnil.com.

Je vais te donner quelques exemples :

Si tu dis : "Dieu, prends-moi", et qu'une infime parcelle de ton esprit pense à l'hypothèse que Dieu ne te prenne pas, cette petite pensée suffit à t'égarer.

Si elle est présente, tu crées la différence, tu crées la séparation, tu te considères encore autre que Dieu, ou la Vacuité, ou le Tao...

Alors il risque fort de ne rien se passer.

Tu dois donc observer cela et continuer à progresser.

Si tu dis "Dieu, viens en moi", le moi est de trop.

Dieu n'a pas de place pour venir tant que le moi est là.

Tu dois donc observer cela et continuer à progresser.

Si tu dis "viens" ou "prends", tu ne regardes pas les choses dans le bon sens.

Imagine Dieu comme l'air : si tu te vides, si tu es disponible, il entre.

En réalité les sages disent qu'il est déjà là, mais que ta vision de toi empêche ton éveil.

Quand tu ne ressens pas Dieu, ce n'est pas qu'il ne veuille pas de toi, c'est que tu es fermé à lui, même si ce n'est pas conscient.

Dès que tu t'ouvres, il est là.

Il te sera plus profitable de penser : "Dieu, je me donne à toi, fais ce que tu veux de moi". Car ainsi tu ne demandes rien, tu ne demandes même pas Dieu, ni la sainteté, ni l'éveil... Tu te donnes sans attente d'obtenir ni de réaliser quelque chose.

Si c'est un sentiment profond, ne plus rien demander, ne plus rien attendre et se donner, c'est un véritable abandon de soi et l'abandon de soi ouvre l'être à Dieu.

Tu dois faire les choses comme le lys dans le pré ou l'arbre fruitier dans la vallée.

Si tu souhaites, le souhait te trompe.

Si tu fais "parce que", le "parce que" te trompe.

Le lys éclot, sa robe est belle et son parfum s'exhale, il est dans sa nature, il est dans le vrai.

L'arbre grandit, ses fruits poussent et mûrissent, il est dans sa nature, il est dans le vrai.

Ta difficulté est que les conditionnements t'ont donné une vision erronée de ta nature.

Pour te libérer de tes conditionnements tu peux t'aider du mental, ensuite ce qui importe est la pratique qui seule permet d'aller au-delà.

Détends-toi, pratique et aie confiance."

Chapitre 11
Une nouvelle conception de la vie

« Objets inanimés avez-vous donc une âme ? » demandait Alphonse de Lamartine.

Au terme de ce voyage nous pouvons ressentir que tout ce qui existe forme un ensemble, que tout (le matériel et le spirituel) est le déploiement, l'expression de Dieu (ou de la Nature si vous préférez l'appeler de cette façon).

Nous voyons également qu'il n'y a dans la Nature ni le bien ni le mal, il y a la réalisation de ce qui est. Tout jugement serait erroné : on ne peut juger si un trou noir fait bien ou mal lorsqu'il avale des mondes.

Du point de vue de la Nature, la vie humaine est bien peu de chose, cependant elle existe.

La Nature n'a pas pour but de créer les êtres humains puisqu'elle n'a aucun but, il nous faut donc renoncer à tout anthropocentrisme.

Pour l'être humain en revanche, la vie humaine est très importante puisqu'elle est l'occasion de réaliser <u>notre</u> nature, de déployer les qualités liées à notre humanité. Ne passons pas à coté de cette chance de réaliser le meilleur de nous-mêmes.

Nous avons vu qu'il n'y a pas de bien ni de mal dans la Nature. En revanche, pour l'être humain ces concepts existent pour lui-même et vis-à-vis de tout ce qui l'entoure.

Vous savez, bien sûr, ce qui est bien ou mal dans la vie. Nous devons être attentifs à développer pour nous et pour les autres ce qui est bien, bon, ce qui fait grandir, ce qui ouvre. Nous ne serons jamais parfaits dans le sens où notre jugement l'exigerait, mais chaque pas réalisé vers une amélioration nous rendra plus heureux.

Voici une réflexion sur le bien et le mal[30] :

"Tu es très triste car tu penses au mal que tu as causé.
Oui, tu as parfois causé du tort à l'un ou à l'autre.
Il t'arrive encore d'en causer.

---

[30] Voir *Contes Initiatiques de la Forêt de Brocéliande* sur le site Internet www.mesnil.com.

Cela t'arrivera encore, tant que tu n'auras pas atteint l'Absolu.

Ne pas faire de tort n'est pas une condition pour atteindre l'Absolu ; c'en est une conséquence.

Si tu cherches à copier un comportement sans reproche, une pensée parfaite, ou que tu crois parfaite maintenant, tu te leurreras, c'est inévitable.

Tu feras semblant et peut-être seras-tu le premier à y croire, mais ce ne sera qu'artifices.

Tu seras crispé, inquiet de "bien faire".

Tu bloqueras ton évolution et tu feras encore plus de tort, tu deviendras rigide, tu seras critique envers les autres car tu voudras qu'ils t'imitent.

Détends-toi plutôt.

Moi, le Chien de Brocéliande, je connais tes immenses richesses, alors, fais-moi confiance et fais confiance à ta nature au lieu de te méfier d'elle.

Développe la conscience de ce que tu fais et vois bien quand tu fais du tort.

Quand cela t'arrive, essaie de réparer, d'expliquer à l'autre.

Essaie aussi de ressentir ce qui s'est passé en toi avant, pendant, et après ce que tu as fait.

N'aie pas de jugement général : sache que, parfois, on pense, sur le moment, avoir fait du tort à quelqu'un, mais on se rend compte après que cette difficulté sur son chemin lui a permis de grandir.

Enfin, qu'en est-il des torts que l'on te fait ?

Comment les vis-tu ? Comment les ressens-tu ?

Sais-tu que tu peux grandement agir sur ce que tu ressens ?

Apprends ainsi à accueillir en toi, à être attentif aux mouvements qui se déclenchent en toi, à être conscient des énergies que cela met en route ou disperse aux quatre vents.

Ainsi grandira en toi une stabilité plus forte et les attaques ou les contrariétés t'atteindront de moins en moins.

En gagnant en stabilité intérieure, tu constateras que cela rejaillira dans ton attitude par rapport aux autres et que tu seras de moins en moins amené à causer du tort."

Chapitre 12
Une nouvelle façon de vivre

Je l'ai déjà évoqué, mais il est essentiel d'y revenir encore et encore : cette façon de concevoir la vie doit entraîner des changements dans celle-ci, faute de quoi toutes ces recherches et ces découvertes ne seraient que des graines du meilleur blé semées sur un sol stérile.

Nous devons travailler à l'ouverture à nous-mêmes et aux autres.

Cela veut dire faire tout ce que nous pouvons pour nous rapprocher de notre essence, pour nous installer le plus souvent possible en elle. Il y a de multiples façons de réaliser cela, il faut que chacun trouve la sienne. Ce qui vous y aidera c'est que, désormais, vous pouvez vous faire une certaine idée de ce dont il s'agit et des voies pour y parvenir.

Soyez confiants : chaque pas sur ce chemin augmentera votre ouverture à vous-même, (j'entends par là à votre réalité profonde, à votre essence telle que nous l'avons vue plus haut, et non à vos caprices ou à vos idées qui vont et viennent). Et comme vous serez plus ouvert à vous-même, davantage dans votre réalité, dans la réalisation pleine de votre nature, vous serez naturellement, spontanément, sans effort, plus ouvert aux autres.

À chaque nouveau pas réalisé, vous deviendrez plus ouvert à vous-même et aux autres.

Il nous faut dépasser la conscience discriminante.

Sur le chemin vers votre essence, vous aurez du ménage à faire pour retrouver de l'espace. Il vous faudra travailler à vous libérer de vos conditionnements et apprendre à gérer vos émotions[31].

Sachez que, si elles sont réalisées correctement, certaines méditations peuvent vous mener de vos émotions perturbantes à la réalisation de votre essence. C'est le cas du quintuple enseignement de Dawa Gyaltsen transmis par Tenzin Wangyal

---

[31] Voir le livre *Il a Changé !* et les vidéos *Je Fais un Pas pour l'Humanité* sur le site Internet www.mesnil.com.

Rinpoché dans son livre *L'Éveil de l'esprit lumineux*[32] et dont certains aspects sont disponibles sur YouTube.

Dans cette pratique, les émotions ne sont pas considérées comme des obstacles, mais comme des portes par lesquelles vous entrez en votre essence.

Je trouve cette pratique merveilleuse, car elle montre bien qu'en nous même, il n'existe pas d'un coté du bon dont nous pourrions être fiers, et de l'autre du mauvais qu'il faudrait combattre. Ceci est absolument fondamental car il est indispensable que nous rétablissions l'unité en nous-mêmes.

Nous sommes éléments de la Nature, éléments de Dieu ; seules l'ignorance de notre essence, ou la perte de contact avec elle, nous obscurcissent la vue et le cœur. Nous sommes alors prisonniers de nos émotions, de nos conditionnements, de nos affects. Pourtant nos émotions, nos conditionnements, nos pensées, nos affects, ne sont pas mauvais en eux-mêmes. Nous pouvons en faire de mauvaises choses si nous les laissons nous envahir, mais ils ne sont pas mauvais en eux-mêmes. Ce ne sont donc pas de véritables obstacles : le seul obstacle est l'ignorance de ce que nous sommes.

Le royaume des cieux est en nous, mais nous l'ignorons, alors nous nous heurtons constamment à tout.

---

[32] *L'Éveil de l'esprit* lumineux de Tenzin Wangyal Rinpoché ed. Claire Lumière

Nous ne devons pas nous arrêter à notre seule conscience discriminante, mais pousser plus loin, aller plus profond, jusqu'à contacter pleinement notre conscience universelle, notre essence, notre nature, la Nature…

L'épanouissement de nos qualités humaines.
Lorsque le contact est rétabli, nos choix sont plus éclairés. Nous habitons pleinement notre vie.

Bien sûr, nous restons humains et continuons à avoir des émotions, nous rencontrons parfois des situations qui nous font souffrir. Cependant, nous ne sommes plus du tout envahis de la même façon et nous nous redressons plus vite.

Et nous n'attendons pas que nos qualités humaines comme l'amour, la sagesse, la connexion du cœur avec les autres… se développent, car nous n'attendons rien. Pourtant elles le font naturellement ; il n'y a pas une volonté à mettre en œuvre, mais la simple réalisation de ce qui est.

Un espace, jusqu'alors inconnu de nous, s'est ouvert et nos belles qualités ont toute la place pour se déployer de la meilleure façon, tout cela est naturel. Alors nous pouvons apporter plus aux autres, être plus chaleureux, plus aimant, plus compréhensif… sans attente et sans aucun mérite, tout cela est naturel.

Faire le job

Comme l'illustre magnifiquement la *Bhagavad Gîtâ*[33] où nous trouvons les notions si importantes d'agir et de non-agir : où que nous soyons, quelle que soit notre situation, notre activité, nos responsabilités, notre travail, que nous soyons boulangers ou militaires, adolescents ou très agés ; nous devons remplir notre tâche, nous devons faire notre boulot, nos activités quotidiennes… S'il nous faut, comme c'est le cas de certains, réaliser de grandes actions particulièrement nécessaires pour la société, réalisons-les. Si nous devons réaliser des choses plus simples, réalisons-les.

L'important est que dans ce que nous faisons nous apportions, le plus possible, cette présence et cette lumière qui éclairent notre vie.

---

[33] Voir : http://www.mesnil.com/references-philosophiques/

Epilogue

J'imagine ici, qu'après toutes ces années de quête, qu'après toutes ces pérégrinations, je me retrouve face à celui qui fut l'enfant ou l'adolescent que je vous ai décrit dans les premiers chapitres.

Il aurait maintenant vingt ans ou vingt-cinq ans et, ayant lu cet ouvrage, me poserait les questions qui le préoccupent, et je tâcherais évidemment de lui répondre de mon mieux :

Qu'y a-t-il après la mort ? Par exemple y a-t-il le paradis et l'enfer, y a-t-il plusieurs vies ; nous réincarnons nous ?

Vois-tu, je crois pour l'essentiel que la part de conscience universelle qui nous habite continue à exister puisqu'elle fait partie de l'universalité, mais que notre conscience discriminante meurt avec notre corps.

Je n'adhère pas à l'idée de paradis ou d'enfer. Nous sommes et nous serons toujours une part de Tout, de la Nature, de Dieu.

Ceci est obligatoirement une vision très simplifiée. On peut imaginer que la conscience discriminante (que l'on pourrait rapprocher de ce que l'on entend traditionnellement par notre âme) met, comme le corps, du temps à se « décomposer » avant de rejoindre la conscience universelle, comme le corps rejoint la terre. On peut aussi imaginer que nous ayons plusieurs vies, que nous nous réincarnions.

Je n'ai pas de certitudes là-dessus.

Mais, finalement, est-ce si important de le savoir ? Est-ce que cela éclairerait davantage notre vie présente ?

L'important dans notre vie présente est, à notre tout petit niveau, d'être des humains qui tentent d'être plus humains afin d'apporter le meilleur d'eux-mêmes aux autres.

*

Quelle part de Dieu s'intéresse aux êtres humains ?

Tout et rien !

Je pense que les êtres humains sont parties de Dieu, alors tout l'intéresse.

Mais Dieu, à mon sens, EST. C'est une présence. Il n'est pas comme nous curieux, intéressé ou indifférent. Il est. Pense à cet arbre qui t'abrite de son ombre : il n'est pas là parce qu'il s'intéresse à toi et désire te protéger du soleil. Il est.

*

Si Dieu existe pourquoi permet-il la souffrance ?

Encore une fois je pense que Dieu n'a pas d'intentions. La Nature existe et se déploie, il n'y a pas d'intention, cela ne se passe pas de cette façon. Je pense même qu'on se fait soi-même énormément souffrir, si on imagine que Dieu permet la souffrance, car on se sent alors victime d'une injustice ; ou on se sent coupable, si on pense que les épreuves sont une punition que Dieu nous inflige ou inflige aux hommes. Cette pensée « Dieu permet la souffrance » est, en elle-même, source d'immenses souffrances.

*

La science ne suffit-elle pas ?

Certainement qu'un jour la science, continuant à se développer, inclura le spirituel puisqu'elle aussi s'intéresse à tout ce qui concerne la Nature. Elle va se développer encore.

La pensée de certains hommes, par exemple celle de Spinoza, a pris de l'avance sur la science.

*

Dieu n'est-il pas une invention des hommes ?

Non et oui.

Je m'explique :

Non car, si on entre dans la logique de Spinoza comme je t'ai invité à le faire, nous devons bien adhérer à son concept de Dieu-Nature incluant la matière et le spirituel. Dieu décrit de cette façon n'est pas une invention, son existence est logique.

Oui, car « Dieu » ne s'appelle pas lui-même « Dieu », il ne se donne pas de nom. Il ne s'appelle pas, il est. Il est la matière, il est le spirituel, il est mais ne s'appelle pas. En suivant Spinoza, nous avons donné le nom « Dieu » à la cause de tout. Le nom « Dieu » est donné par les êtres humains pour évoquer cette réalité immensément plus grande qu'eux et dont ils font entièrement partie.

De plus, ce Dieu, toujours tel que le conçoit Spinoza, peut très difficilement être imaginé par la conscience discriminante dans laquelle nous nous cantonnons habituellement. Cette conscience discriminante a besoin d'images, de représentations, d'histoires qui parlent à l'imagination. Dire la « cause de tout » comme Spinoza, n'est pas évocateur. Dire « la Vacuité » comme les Boudddhistes, n'est guère motivant pour les foules. Les hommes ont donc projeté leur image sur Dieu et là ce n'est pas Dieu qui a créé les hommes à son image, mais les hommes qui ont imaginé Dieu à la leur. Depuis, ils se massacrent entre eux parce que les uns et les autres ont imaginé Dieu différemment.

*

Qu'est-ce que le péché ?

Le péché est une faute commise par rapport à une morale universelle, par rapport à ce que seraient les exigences de Dieu. Or je pense que Dieu (ou la Nature, définie comme nous l'avons vu) n'a aucune exigence. Il n'attend rien ni de nous, ni de quoi que ce soit, puisqu'il est tout. En revanche, comme nous sommes conscients de nos actes, nous avons de grandes responsabilités. Par rapport à nous-mêmes d'abord, puisque c'est la base par laquelle nous allons interagir avec le monde : nous devons déployer tout notre possible pour grandir en humanité, chacun comme nous le pouvons. Par rapport au monde ensuite, nous devons veiller à interagir avec le plus d'amour, de sagesse, de bienveillance, d'harmonie, de générosité… avec les autres et tout ce avec quoi nous sommes en relation. Il n'y a donc pas de péchés, mais nous avons de grandes responsabilités humaines. Assumer ces responsabilités nous rend plus heureux, les refuser nous enferme dans une vie étroite quelles que soient les réussites mondaines apparentes.

*

Pourquoi prier ou réaliser un acte religieux ?

Les actes religieux sincères : prières, sacrements, simple présence dans un lieu sacré, ou autres, nous rapprochent chaque fois de notre essence ; ces actes nous ouvrent à la fois à nous-mêmes et à ce que nous pouvons imaginer de plus grand. Ces actes nous rapprochent de la réalisation, de la prise de conscience de l'union avec Dieu. Ces actes nous entraînent vers l'harmonie avec la conscience universelle.

Je dis bien « actes religieux sincères », c'est-à-dire pleinement conscients. Comme pour la méditation, c'est la condition pour qu'ils aient une réelle importance. Réalisés par habitude, avec distraction, sans conscience, les actes religieux ou les méditations portent peu de fruits.

*

Que voudrais-tu me dire avant qu'on ne se quitte ?

J'aurais grand plaisir à partager avec toi ce texte, qui s'intitule *Rayonne comme un arbre*[34], le voici :

---

[34] Voir *Contes Initiatiques de la Forêt de Brocéliande* sur le site Internet www.mesnil.com.

« *C'est maintenant le Hêtre de Pontus qui apparaît dans ta conscience, cet arbre-majesté, le véritable seigneur de la forêt de Brocéliande.*

Il est rayonnant de force et d'amour, qu'il diffuse dans toutes les directions.

Tu l'entends te dire :

"Rayonne comme un arbre.

Pense d'abord que tes pieds sont des racines qui s'enfoncent profondément dans la Terre.

Dans la Terre tu puises ta nourriture, tu reçois l'énergie de la Terre, et tes racines assurent ta stabilité, ton ancrage dans la vie.

Puis, pense que tes doigts, tes mains et tes bras, comme des branches, se lèvent vers le ciel.

Ils reçoivent alors pleinement l'énergie du Ciel, c'est à dire celle de l'air, de la lumière, de l'univers jusqu'à ses confins, avec toutes ses planètes, ses étoiles, ses galaxies les plus lointaines.

Dans ces cas là, les arbres, eux grandissent, certes, mais pas seulement :

T'es-tu déjà approché d'un arbre comme tu le ferais d'une personne que tu aimes ?

Certains ressentent des frémissements ou des vibrations.

As-tu, toi, ressenti alors sa belle énergie, toute de don. Une énergie qui est, simplement. Qui ne demande rien en retour.

Une vraie expression de l'amour inconditionnel, de l'amour universel.

Si tu as la chance de l'avoir ressentie tu comprends ce dont je parle. Sinon, tente d'abord de l'imaginer et aie confiance, tu la ressentiras un jour si tu y es ouvert et attentif.

As-tu deviné ce que tu dois faire ensuite pour rayonner comme un arbre ?

Tu reçois les énergies de la terre, les énergies du ciel, donc si tu les accueilles et si tu y es attentif, comme pour l'arbre, cela te nourrit, t'aide à grandir.

Et maintenant que tu es plein d'énergie, fais comme les arbres : laisse cette énergie pure et sans attente de gains ni de résultats, rayonner abondamment autour de toi.

C'est une énergie subtile et discrète, elle ne fait pas de tapage, donc ne t'étonne pas que peu de personnes y prêtent attention.

Mais sache que, comme pour tout être, c'est ta nature de rayonner cette belle énergie. Respecte ta nature.

Et de temps en temps tu verras que certains : minéraux, végétaux, animaux ou personnes, seront sensibles à ce rayonnement discret, que tu t'autorises à donner et cela leur fera du bien.

Alors ne t'enorgueillis pas, cela romprait le charme, reste égal à toi-même, naturel comme l'est un arbre.

Plus tu vivras cet état et plus tu seras en harmonie, en osmose avec toutes les énergies. Tu ressentiras que tu es énergie dans l'énergie, amour dans l'amour. Les définitions de toi, les limites de toi, s'estomperont pour laisser place à autre chose, de beaucoup plus subtil car ta conscience s'élèvera naturellement.

Tu verras qu'à un certain niveau, il n'est plus possible de distinguer ce qui est "toi" de ce qui est "autre".

Pour t'exercer, tu te relies parfois mentalement avec, par exemple, la Terre, ou le Ciel. C'est déjà une expérience forte si elle est pleinement vécue.

Mais, plus ta conscience se développera, plus tu ressentiras un autre état : les définitions de "toi" et de "Terre" perdront leur sens, par rapport à la danse de l'énergie que l'on ressent ici, là, partout, partout en mouvement et partout présente. Car cette énergie n'a ni cloisonnement, ni limite.

C'est pourquoi, à un certain niveau, tu n'as plus rien à faire qu'à être, comme l'arbre.

L'énergie arrive à ta conscience, puis elle se dirige ailleurs où elle est nécessaire. Et, en même temps, elle continue à parvenir à ta conscience : tu n'en reçois pas moins.

En réalité, tu dois essayer de ne pas être un frein à cette énergie, à cet amour, qui est et qui va. Tu n'as rien à forcer, à provoquer ou à attendre, juste ne pas être un frein.

Comment cela ? En étant simple et naturel... comme un arbre. »

Encore quelques mots

Nous voici, chers lecteurs, à la fin de cet ouvrage. J'ai eu à cœur de vous transmettre de deux manières différentes ma vision de la Vie ; dans *Plus que la Vie* en décrivant comment elle s'insére dans le passé et l'avenir, et avec *Lumière dans la Vie* comment elle s'intègre dans l'infini, qu'on appelle celui-ci la Nature ou Dieu.

J'espère avoir donné à ceux qui sont en questionnement le désir de s'ouvrir pleinement à la spiritualité et des clés pour y parvenir. Il n'y a rien à craindre de celle que je vous ai présentée mais, bien au contraire, énormément à gagner puisqu'elle permet de vivre sa vie plus profondément.

Votre Vie est réellement précieuse et grandiose si vous la considérez dans ses multiples dimensions. Je vous souhaite beaucoup de joie à explorer les plus belles d'entre elles, en parcourant votre chemin de lumière.

Bibliographie

Aïe, mes aïeux de Anne Ancelin Schutzemberger, éditions Desclée de Bouwer

Le Théâtre de la guérison, de Alexandro Jodorowsky, éditions Albin Michel

Les dix secrets du bonheur de Adam J. Jackson, éditions Vivez Soleil

Le Couple multi-orgasmique de Mantak Chia et Maneewan Chia, éditions Trédaniel

Bouddha et Jésus sont des frères de Thich Nhat Han, éditions Pocket

Un Cœur sans limites de Bokar Rinpoché, éditions Claire Lumière

Tantra Suprême sagesse de Osho, éditions Ronan Deniel

Kunlun, pratiques oubliées de l'éveil de soi de Max Christensen, éditions Guy Trédaniel

Tao-tö king de Lao Tseu, éditions Folio

Yoga Tibétain du rêve et du sommeil de Tenzin Wangyal Rinpoché, éditions Claire Lumière.

Guérir par les formes, l'énergie et la lumière de Tenzin Wangyal Rinpoche, éditions Claire Lumière

Le Château de l'âme de Sainte Thérèse d'Avila, éditions. Points Sagesses

La Création du monde et le Temps de Saint Augustin, éditions Folio Sagesses

Spinoza pas à pas de Ariel Suhamy, éditions Ellipses

L'éveil du corps sacré, yoga Tibétain de la respiration et du mouvement de Tenzin Wangyal Rinpoché, éditions Claire Lumière.

Être Dieu en Dieu de Maître Eckart, ed. Points

L'Éveil de l'esprit lumineux de Tenzin Wangyal Rinpoché ed. Claire Lumière

Références vidéo

http://www.mesnil.com/references-philosophiques/

À PROPOS DE L'AUTEUR

Jean-Pierre Mesnil

Auteur de :
Du Bonheur dans le Cœur
Contes Initiatiques de la Forêt de Brocéliande
Osons Aimer
Il a changé !

Auteur et créateur des vidéos :
« Je fais un pas pour l'Humanité »

Site Internet : www.mesnil.com

La photo de couverture a été prise le 22 février 2020 à
Saint-Valery-sur-Somme. Il était 7 h 46.

9 782953 557831